FLOWERS

VON DER SCHÖNHEIT DER BLÜTEN

HAROLD FEINSTEIN

MIT DEN AUGEN EINER BIENE

SYDNEY EDDISON

WENN BLUMEN SPRIESSEN ...

A. D. COLEMAN

TEXTE ZU DEN PFLANZEN

GREG PIOTROWSKI

FOTOGRAFIEN AUSGEWÄHLT UND ZUSAMMENGESTELLT
VON CONSTANCE SULLIVAN UND LESLIE NOLAN

DUMONT

Die Deutsche Bibliothek – CIP-Einheitsaufnahme
Flowers : von der Schönheit der Blüten / Harold Feinstein.
[Aus dem Amerikan. von Ana Bator. Mit botanischen Kommentaren von Greg Piotrowski]. – Köln : DuMont, 2000
Einheitssacht.: One hundred flowers <dt.>
ISBN 3-7701-5302-2

Titel der Originalausgabe: »One Hundred Flowers«, erschienen bei Little, Brown and Company, Boston, Massachusetts.

Aus dem Amerikanischen von Ana Bator
Redaktion und Herstellung der deutschsprachigen Ausgabe: Angelika Franz, München

Printed in Italy

ISBN 3-7701-5302-2

FÜR JUDITH, ROBIN UND GJON

Seite 1: MAIGLÖCKCHEN (*Convallaria majalis*)

Seite 2: RISPENHORTENSIE (*Hydrangea paniculata*)

Seite 5: SPIERSTRAUCH *Spiraea* x *vanhouttei*

Seite 6: RITTERSPORN (Sorte von *Delphinium*)

Seite 8: MODERNE ROSE (Sorte von *Rosa*)

Seite 14: KRONENANEMONE (Sorte von *Anemone coronaria*)

INHALT

MIT DEN AUGEN EINER BIENE

SYDNEY EDDISON

Als Teenager war ich von den Naturschilderungen William Henry Hudsons wie verzaubert. Hudson wurde 1841 in Argentinien geboren und hatte das Glück, auf dem Land aufzuwachsen. Da auch ich meine Kindheit auf dem Land verbrachte, beeindruckten mich seine Tierberichte tief. Doch noch mehr gefielen mir seine Blumenbeschreibungen. Besonders eine ist mir in Erinnerung geblieben, und ich musste sofort an sie denken, als ich Harold Feinsteins Pflanzenfotografien betrachtete – diese Blüten, gelassen und makellos, umgeben von schwarzer Leere, besitzen die überirdische Schönheit von Hudsons Hata-Blume in seinem Roman »*Green Mansions*« (»*Rima. Die Geschichte einer Liebe aus dem Tropenwald*«):

> *Einstmals, als ich im Queneveta-Gebirge in dem dichtbewaldeten, rauhen Felsgelände herumkletterte, stieß ich auf eine einzelne, für sich allein stehende weiße Blume, die ich nicht kannte und die ich auch seitdem nie mehr gesehen habe. Nachdem ich sie lange betrachtet hatte, ging ich weiter, doch das Bild dieser herrlichen Blume blieb mir so unauslöschlich eingeprägt, daß ich am Tag darauf wieder hinging in der Hoffnung, sie unversehrt, von Welken und Verfall unberührt, noch einmal zu sehen. Sie war noch unverändert; und diesmal sah ich die Pflanze länger an, bewunderte die zauberhafte Form der Blüte, die jede andere Blume so sehr zu übertreffen schien. Sie hatte dicke Kronblätter, was mich zuerst auf den Gedanken brachte, es sei eine künstliche Blume, die ein begnadeter Künstler aus einem unbekannten edlen Gestein geschnitten habe; sie hatte die Größe einer Orange und war weißer als Milch, aber trotz ihrer Mattheit an der Oberfläche schimmernd wie Kristall.*

Der Held der Geschichte kommt am nächsten Tag zurück, um die Blume erneut zu betrachten. Sie zeigt keine Zeichen von Welke. Es zieht ihn noch öfter zu der bewussten Stelle, wo die sonderbare Pflanze blüht.

> *Daß sie künstlich sei, dieser Eindruck hatte sich bei mir längst verflüchtigt; sie war unbedingt eine Blume wie andere Blumen, eine lebendige, gewachsene Blume, nur hatte ihre überirdische Schönheit eine andere Art von Leben. Ein unbewußtes, aber höheres Leben; vielleicht war sie unsterblich.*

So ähnlich erging es mir, als ich Feinsteins Fotografien nacheinander betrachtete. Seine Kamera nahm die Blüten genau in dem Augenblick auf, als sie den Höhepunkt ihrer Schönheit erreicht hatten. Obwohl es sich um gewöhnliche Blüten handelt, besitzen sie eine ganz spezielle Art von Leben, liegt in ihnen etwas Mystisches, Unvergängliches.

Die Fotografien faszinieren mich noch aus einem anderen Grund: Sie zeigen den Aufbau der hübschen Blüten derart detailgenau, dass man sich ihres unmittelbaren Zweckes bewusst wird – der geschlechtlichen Vermehrung und Samenbildung. Blumen sind stets Gefahren ausgesetzt; für jede Blüte gilt: jetzt oder nie. Sie müssen Bestäuber anlocken, bevor sie welken oder von Tieren gefressen werden. Von den Blüten hängt es ab, ob die Art gesund und zahlreich weiter besteht.

Die komplizierte und so faszinierende Blütenstruktur erleichtert die Vermehrung. Pflanzen bestäuben sich nur selten selbst. Da genetische Vielfalt am besten durch Fremdbestäubung entsteht, muss der männliche Pollen einer Blüte auf die Samen bildenden, weiblichen Stempel einer anderen der gleichen Art übertragen werden. Nachkommen von zwei verschiedenen Elternpflanzen zeigen die Merkmale von jeder einzelnen und sind kräftiger und schöner als diese. Weil Pflanzen jedoch an ihren Standort gebunden sind, benötigen sie bei diesem Unternehmen etwas Hilfe – und zwar in Form von Partnern.

Sehen Sie einmal in die Blüte einer Magnolie. Ihr Partner ist der Wind. Bei der Windbestäubung ist oft der Zufall mit im Spiel, weshalb Magnolienblüten viele Pollen tragende Staubgefäße und ebenso viele Stempel besitzen. Die Funktion bedingt die Form: Jeder Teil der Blüte dient dem Bestäubungsvorgang. Obwohl Windblütler wie Magnolien zu den schönsten Exemplaren der Pflanzenwelt zählen, gehören sie zu den primitivsten. Die einzelnen Teile ihrer Blüten sind so einfach wie möglich angeordnet: Ein Kranz aus gleichen, einfachen Kronblättern umgibt einen Kranz Staubgefäße mit einem vorstehenden Büschel aus Stempeln in der Mitte. An der Basis jedes Stempels befindet sich der Fruchtknoten mit der Samenanlage, der Heimat künftiger Samen. An der Spitze der Stempel sitzt die Narbe, an der sich der Pollen sammelt. Narbe und Fruchtknoten werden durch den Griffel verbunden.

Da windabhängige Pflanzen ihre Waren offen ausbreiten, sind sie stets gefährdet. Sie sind nicht nur den Elementen ausgesetzt, sondern bieten auch allen Vorbeiziehenden einen üppig gedeckten Tisch – und zwar ganz uneigennützig. Bienen können zum Beispiel kommen und gehen, wie es ihnen gefällt. Keine Saftmale führen an den Pollen tragenden Staubgefäßen vorbei zur Nektarquelle. Kein Sporn und keine Kappe oder Lippe behindert ihren Weg und sichert die Bestäubung. Doch höher entwickelte Blüten nutzen sowohl diese als auch andere Mittel. Die Evolution bevorzugt Insekten als Bestäuber – aber sie sorgt auch dafür, dass die Pflanzen zu ihrem Recht kommen.

Die fröhlichen und traurigen »Gesichter« der Stiefmütterchen dienen nicht nur unserem Vergnügen. Ihr »Lächeln« und »Stirnrunzeln« sind Saftmale, die zur Nektarquelle führen. In einer Vielzahl von Farbnuancen und köstlichen Duftnoten locken sie Bienen an und leiten sie geradewegs ins Innere der Blüte. Der Eingang kann nicht verfehlt werden – selbst die dunkelste Stiefmütterchenblüte weist an der Öffnung einen schmalen goldfarbenen Rand auf. Die Narbe, ein winziger grüner Knopf im Inneren, blockiert den Weg zum Nektar. Dringt das Futter suchende Insekt vor, bleibt an ihm Pollen hängen, den es in der nächsten Blüte, die es besucht, ablegt.

Feinsteins Fotografien bestechen durch die spezielle Sicht auf die Blüte, denn sie ähnelt der Perspektive einer Biene. Seine Kamera steht dem Bestäubungsapparat gegenüber. Saftmale und weit geöffnete Kelche dienen zwar hauptsächlich einem nützlichen Zweck, doch die Bildgröße verleiht ihnen eine außerordentliche Präsenz. Der Fotograf hat dadurch eine gewöhnliche Gartenblume in ein Kunstwerk verwandelt. Diese überdimensionalen, vor Leben bebenden Stiefmütterchen wurden auf dem Höhepunkt ihrer Bereitschaft für einen Augenblick, der nie kommen wird, festgehalten.

Im Gegensatz zu den offensichtlichen Taktiken von Stiefmütterchen machen Orchideen bestäubenden Insekten das Leben nicht gerade einfach. Ich habe gelesen, dass einige Arten sie mit Pollenklümpchen bombardieren oder mit betäubenden Düften überfallen. Andere sind zwar freundlicher zu ihren Bestäubern, doch alle Blüten haben einen komplizierten Aufbau und sehen exotisch aus. In der vielfältigen Flora eines Dschungels müssen tropische Pflanzen mit Extravaganz aufwarten, wollen sie im Wettbewerb um Bestäuber nicht unterliegen. In diesem Kampf ums Überleben ziehen Orchideen mit ihren fantastischen Formen und Farben alle Register. Feinsteins monumentale Aufnahmen von diesen Pflanzen drücken demnach auch etwas leicht Irritierendes, ja fast Unheimliches aus.

Die Blüten der Bartschwertlilien sind ebenfalls kunstvoll fotografiert. Sie sind nicht nur auffallend schön, sondern muten auch gütig an. Bestäuber behandeln sie mit Höflichkeit, und auf uns wirken sie mit ihren vertrauten lilienförmigen Blüten beruhigend. Die einzelnen Blütenteile sind einzigartig und haben spezielle Funktionen und Namen. Schwertlilien besitzen von allem drei: drei Hängeblätter, wie die nach unten gebogenen Kelchblätter genannt werden; den Dom, der aus drei aufrechten Kronblättern besteht; drei kunstvoll verborgene Stempel, die als verzierte kleine Kronblätter getarnt sind und an der Unterseite drei Staubgefäße aufweisen. An der Mittelader der Hängeblätter führt ein Bart aus feinen, aufrechten Haaren die Bienen direkt zum Nektar. Oft hilft ihnen noch eine farbige Zeichnung, den Weg zu finden. Jeder Teil der Schwertlilienblüte ist von exquisiter Beschaffenheit – ob die zugespitzten Knospen, die in einer papierdünnen Haut eingehüllt sind, oder die schweren samtigen Hängeblätter. Die Kronblätter sind zarter als die Hängeblätter. Beide können sowohl dieselbe als auch unterschiedliche Farben aufweisen, doch der Ton ist stets kräftig und ausdrucksstark – wie es sich für das Blütensymbol der französischen Königsfamilie ziemt.

Obgleich Sonnenblumen eher zu den bürgerlichen Pflanzen zählen, prahlen sie mit hoch entwickelten Blüten. Die Evolution der Pflanzenwelt ist davon bestimmt, Material und Energie zu sparen. Ein Vorbild an Effizienz sind die so schlicht wirkenden Sonnenblumen mit ihren freundlichen runden »Gesichtern« und Strahlenkränzen. Statt Kraft und Ressourcen an große, farbenprächtige Einzelblüten zu verschwenden, lockt ein Kranz aus Zungenblüten Insekten zu einer einzigen Scheibe aus hunderten von kleinen, aufrechten Röhrenblüten.

Die Kronblätter dieser Röhrenblüten sind so unscheinbar, dass man sie mit dem bloßen Auge kaum ausmachen kann. Doch sie sind da – und zwar zu fünft um Staubbeutel voller Pollen angeordnet. Auch die Staubbeutel, die den Stempel umgeben, sind zusammengefasst. Nachdem die Staubbeutel ihren Pollen in die Blütenröhre abgegeben haben, werden sie außerhalb der Blüte sichtbar. Der Stempel folgt ihnen, indem er sich einen Weg durch den losen Pollen bahnt. Um eine Selbstbestäubung zu vermeiden, bleibt dabei die Narbe geschlossen. Haben Insekten den Pollen weggetragen, öffnet die Narbe ihre beiden winzigen, behaarten »Arme«.

Feinsteins Fotografien halten jede Phase im Leben einer Sonnenblume minuziös fest. Man kann sogar die kleinen Pollenkugeln sehen, die die Stempel gerade an die Oberfläche geschoben haben. Am Rand der Blütenscheibe wurde der Pollen bereits abgeerntet – jetzt ist für die Narben die Luft rein, und sie können sich öffnen. Wenn Sie genau hinsehen, werden Sie einen Ring mit weit geöffneten Narben erkennen, die wie kurze, dünne Fäden wirken und nun für fremden Pollen empfänglich sind.

Diese einfache Art der Bestäubung macht Korbblütler wie die Sonnenblume zu Lieblingen von Insekten. Mein Mann und ich verbrachten einmal während des Mittagessens eine ganze Stunde damit, eine Biene auf einem Sonnenblumenarrangement bei ihrer emsigen Aktivität zu beobachten. Obwohl sie bereits mit gelbem Pollen bedeckt war, tauchte sie in jede kleine Röhrenblüte ein. Langsam und methodisch arbeitete sie sich auf der Blütenscheibe vor. Voll von Nektar und Pollen verlor sie schließlich Halt und glitt auf den Tisch. Sie landete auf dem Rücken und zappelte mit den Beinen in der Luft, bis sie gerettet und ins Freie entlassen wurde.

Der Familienname »Korbblütler«, botanisch *Compositae,* bezieht sich auf die raffinierte Struktur der Blüten: Viele kleine Röhrenblüten sind in einem »Korb« zusammengefasst und mit einem Kranz aus Insekten anlockenden Zungenblüten versehen. Doch es gibt auch Korbblütler mit dicht stehenden Einzelblüten, die wie Zungenblüten oder Kronblätter aussehen. Der fröhlich wirkende, unverwüstliche Löwenzahn zählt zu diesem Typ. Seine zerzausten gelben Blütenköpfe bestehen aus vielen schmalen Zungenblüten, die in einer röhrenförmigen Basis den Fortpflanzungsapparat bergen. Auf den stark vergrößerten Aufnahmen winden sich die geöffneten Narben zwischen den Zungenblüten wie die Schlangen um Medusas Haupt.

Viele Mitglieder der Familie der Korbblütler sind uns vertraut: Etwa die himmelblaue Wegwarte, deren Blüten denen des Löwenzahns ähneln, oder die Goldrute mit ihren eidottergelben Blütenständen, die sich aus hunderten von kleinen, eng stehenden Korbblüten zusammensetzen; auch sie bestehen aus Zungenblüten und einer Scheibe aus Röhrenblüten, nur sind sie den Proportionen entsprechend sehr klein. Zahlreiche und überaus beliebte Gartenblumen, wie Kosmeen, Zinnien, Dahlien und Wucherblumen, gehören ebenfalls zur Familie der Korbblütler.

Welcher Familie eine Gartenblume auch zugeordnet ist, sie wird meist von Menschenhand bestäubt. Generationen von anfälligen Männern und Frauen erlagen der Verlockung des Pflanzenzüchtens und ließen sich von denselben Tricks – bestehend aus herrlichen Farben, Formen und Düften – verführen, die auch auf andere Bestäuber ihren Zauber ausüben. Die Resultate sind atemberaubend. In Kultur entstandene Hybriden sind das Ergebnis einer Fremdbestäubung von zwei Pflanzen, die aufgrund ihrer hervorragenden Merkmale sorgfältig ausgewählt wurden.

Züchter sind Träumer. Sie träumen von Blüten, die es noch nicht gibt, wie etwa blaue Lilien oder schwarze Gladiolen. Die Maxime ihres Züchtungsziels lautet: »Was wäre, wenn …« Rosen erblühen normalerweise in Rosa- oder Gelbtönen – doch was wäre, wenn man eine rosafarbene Rose mit einer gelben kreuzen würde? Würde sich ihre Blüte nicht in einer noch nie da gewesenen Nuance von Orange öffnen? Tulpen sind bereits in einer großen Farbskala erhältlich, doch was wäre, wenn sie an einem Stiel mehrere Blüten trügen, höher oder kürzer, größer oder kleiner wären?

Viele der herrlichen, sowohl dezenten als auch leuchtenden Blütenfarben auf Feinsteins Fotografien sind das Ergebnis einer Hybridisierung. Pflanzenzüchter haben von Rosen, Wucherblumen, Gladiolen, Schwertlilien und Dahlien hunderte von Sorten geschaffen. Es gibt mehr als 14 000 in Kultur entstandene Dahlien-Sorten. Wild wachsende Dahlien tragen meist eine einfache Blüte. Züchter haben jedoch zwei oder drei Wildarten miteinander gekreuzt, um gefüllte Blüten in unterschiedlichen Formen zu erhalten: Ball- und Pompon-Dahlien mit tütenförmigen Strahlenblüten, deren Anordnung an eine Bienenwabe erinnert; große Schmuck-, Cactus- und Semi-Cactus-Dahlien mit gedrehten und zugespitzten Strahlenblüten sowie päonienblütige Dahlien mit mehreren Kränzen aus Strahlenblüten.

Die Hybridisierung erfolgt nach einer ähnlichen Methode wie die Bestäubung durch Insekten. Von den Staubbeuteln der Vaterpflanze wird Pollen auf die empfänglichen Stempel der Mutterpflanze gebracht. Dies geschieht manchmal ganz einfach, indem man den Staubbeutel der einen Pflanze abbricht, den frischen Pollen auf die Narbe der anderen bürstet und sich die Elternpflanzen notiert.

Das Kreuzen von Windblütlern erfordert ein anderes Vorgehen. Hier muss die Bewegung der Luft nachgeahmt werden. Der Pollen der Vaterpflanze wird dabei in einem Tütchen gesammelt, das man dann über der Blüte der Mutterpflanze ausleert. Ein sanftes Hin- und Herbewegen der Tüte verursacht einen Windsturm en miniature. Hat sich der Pollen gesetzt, kleben genug Staubkörner auf der Narbe, um die Befruchtung sicherzustellen.

Im Allgemeinen haben Züchter zu ihren Kreationen ein ambivalentes Verhältnis. Obwohl sie an der Schaffung von neuen Pflanzen wesentlich beteiligt sind, geben ihnen die Ergebnisse oft Rätsel auf – und auch wir, als Betrachter der folgenden Fotografien, werden damit konfrontiert. Wie kommt es also, dass je mehr wir über Pflanzen erforschen, desto weniger von ihnen wissen? Je weiter wir in die Geheimnisse der Natur vordringen, desto mysteriöser wird sie für uns. Und was war am Anfang?

Man nimmt an, dass vor 400 Millionen Jahren erstmals Pflanzen an Land wuchsen und es vor 100 Millionen Jahren die ersten blühenden Pflanzen gab. Paläobotaniker entdeckten in Schweden versteinerte Blumen, deren Alter sie auf 78 Millionen Jahre datierten. Diese Blüten besaßen wie ihre heutigen Pendants Kron- und Kelchblätter, Stempel und Staubbeutel. Wir können herausfinden, welche Funktion die einzelnen Bestandteile einer Pflanze haben, und geduldig ihre Entwicklungsgeschichte studieren; sie wird von der Anatomie eines Pflanzenkörpers, chemischen Eigenschaften und Erbmerkmalen handeln. Botaniker können die Spuren von Pflanzen bis zu den versteinerten Resten blaugrüner Algen zurückverfolgen, die an 2,5 Milliarden Jahre alten Felsen aus dem Präkambrium gefunden wurden. Wir wissen, dass sich die ersten Landpflanzen ihrer neuen Umgebung anpassten. Sie entwickelten ein spezielles Gewebe für den Wasser- und Nährstofftransport sowie Fortpflanzungsstrukturen für die Erhaltung der Art. Wir wissen auch, dass auf Algen zuerst Moose, dann Farne und viel später blühende Pflanzen folgten. Doch wir können noch immer nicht die Geometrie der Blüten eines Korbblütlers erklären. Die Größe der Blumen in diesem Buch macht den ihnen zustehenden Platz in der Natur wieder deutlich. Angesichts dieser Fotografien wird uns klar, wie wenig wir eigentlich wissen. Die Flora dieser Erde besteht überwiegend aus blühenden Pflanzen. Sie sind nicht nur Augenschmaus und Zierde – Blumen sind eine Metapher für das Leben.

WENN BLUMEN SPRIESSEN …

HAROLD FEINSTEINS BLUMENFOTOGRAFIEN

A. D. COLEMAN

»Wenn milde Schauer im April des Märzens Dürre bis zur Wurzel durchdrungen und jede Ader mit dem Saft getränkt, der kraftvoll Blumen sprießen lässt …« Obwohl Geoffrey Chaucer den »allgemeinen Prolog« in Mittelenglisch verfasst hat und dies nur eine moderne Adaption ist, leitet er mit ihm sein berühmtes Epos *»The Canterbury Tales«* (*»Die Canterbury-Geschichten«*) ein. Nach mehreren Versen des Lobgesangs auf den Frühling und die Erneuerung des Lebens deutet der Autor an, dass sich in dieser Zeit »die Leute nach einer Pilgerreise sehnen«.

Chaucer begann sein Meisterwerk um 1387 und beendete es 1400. Harold Feinstein hat sein Projekt genau sechs Jahrhunderte später fertig gestellt. Zwischen beiden Werken besteht eine eigenartige Parallele, denn auch Feinstein benutzte Blumen als Ausgangspunkt für eine »Pilgerschaft«. Auf den ersten Blick scheint sie von ganz anderer Natur zu sein, doch auch sie ist von der Freude am Leben und der Achtung vor der schöpferischen Kraft erfüllt – und damit dem Leitgedanken Chaucers verwandt.

Die folgenden Aufnahmen stellen ein erstaunliches Projekt eines außergewöhnlichen Fotografen dar. Feinstein, ein Altmeister seines Fachs, machte bereits 1946 als Jugendlicher die ersten Bilder. Edward Steichen, zu diesem Zeitpunkt Leiter der fotografischen Abteilung des Museum of Modern Art in New York, wurde auf ihn aufmerksam, und so kam es, dass Feinstein im Alter von 19 Jahren im Bestand des Museums mit seinen Fotografien vertreten war. Später arbeitete er vorübergehend mit W. Eugene Smith zusammen. Seither werden Feinsteins Arbeiten weltweit gesammelt, ausgestellt und publiziert. Er zählt zu den wenigen Lehrmeistern, in dessen bereits legendären Workshops, die er nun seit mehr als vierzig Jahren abhält, der Blick von hunderten angehenden Fotografen geschärft wurde.

Feinstein gilt als Anhänger des kleinen Formats. Er arbeitet beständig an der Weiterentwicklung seines Stils, einer charakteristischen Mischung aus Chronik und dem soziologischen Ansatz, der als »New York School« bezeichnet wird. Sein Ziel ist eine Form der Fotografie, die erfüllt ist von einem Humanismus, der sowohl klares Denken als auch Mitgefühl vereint. Mancher wird seinen Namen mit speziellen Aufnahmen in Verbindung bringen, wie etwa den Fotografien über Coney Island. Jahrzehntelang beschäftigte er sich mit dieser Halbinsel und ihrem demokratischen kulturellen Milieu, die er aber auch als Bühne für die menschliche Komödie betrachtete. Feinstein ist zudem dafür bekannt, selbst hervorragende Abzüge von seinen Fotografien anzufertigen. Dieser Ruf basiert auf seiner virtuosen Anwendung der traditionellen Technik, mit der man Barytabzüge herstellt.

Die hier gezeigten Aufnahmen stellen also eine Überraschung dar: Die umfangreiche Serie mit Blumenstillleben entstand in Farbe und im Studio – und, was besonders bemerkenswert ist, aus der Beschäftigung mit digitaler Fototechnik. Sie ermöglichte es ihm, genau die Aufnahmen zu machen, die er machen wollte. Für viele Fotografen der alten Schule ist die digitale Fototechnik nach wie vor negativ besetzt. Doch wie Feinstein leiten immer mehr erfahrene Fotografen einen Übergang ein, da die digitale Fototechnik neben vielen anderen Dingen ein beispielloses Maß an Möglichkeiten bietet, ein angestrebtes Resultat zu erzielen. Feinstein kam sozusagen durch die Hintertür mit digitaler Fototechnik in Berührung. Er benutzte sie, um die Fotografien eines halben Jahrhunderts, hauptsächlich Schwarzweißaufnahmen, zu katalogisieren und archivieren. Der dadurch vertraute Umgang mit digitaler Fototechnik führte zu verschiedenen Experimenten, die wiederum die Möglichkeit eröffneten, preisgünstiger in Farbe zu arbeiten, als dies mit den herkömmlichen Methoden, Farbabzüge anzufertigen, der Fall ist. Doch noch wichtiger war, dass er nun Farbfotografien so nuanciert nach seinen Vorstellungen herstellen konnte, wie dies nur bei seiner Arbeit mit Silbergelatine möglich war.

Feinstein sagte einmal: »Die Möglichkeit, ganz präzise eingreifen zu können und sofort das Ergebnis davon zu sehen, sowie die Tatsache, dass Duplikate leicht herzustellen sind, begünstigt ein intuitives und improvisatorisches Fotografieren. Man kann einfach ein größeres Risiko eingehen. Und schließlich kam auch eine gewisse Experimentierlust beim Anfertigen der Ausdrucke hinzu.«[1] Er ist der Meinung, dass er im Vergleich zu den herkömmlichen Methoden mit digitaler Fototechnik nicht nur eine bessere Farbaufnahme anfertigen, sondern vor allem auch eine höhere Qualität bei der Wiedergabe seiner Schwarzweißnegative erzielen kann.

Für viele Fotografen aus Feinsteins Generation stellt die Dunkelkammer einen Meditationsraum dar. Hier findet der kreative Prozess statt, bei dem aus einem Negativ ein Abzug wird, der der Vorstellung des Fotografen entspricht. Neben anderen Faktoren spielt die Nuancierung der Tonwerte eine wichtige Rolle. Vor der Einführung der digitalen Fototechnik war dieser Vorgang für viele Fotografen, die in Farbe arbeiteten, nicht kontrollierbar. Seit die digitale Technik nun wesentliche Unterschiede zwischen Farb- und Schwarzweißfotografie ausgleicht, erscheint der jahrzehntelang herrschende Bruch zwischen ihnen als anachronistisch, ja sogar lächerlich. Will ein Fotograf in Farbe und in Schwarzweiß künstlerisch arbeiten, so wird er wahrscheinlich sowohl herkömmliche als auch digitale Kameras in seiner Ausrüstung haben und sie je nach Motiv und Vorhaben benützen, denn sie sind gleich handlich und verfügbar.

Vermutlich ist Feinstein bei diesen Farbfotografien ähnlich vorgegangen. Nach wie vor zeigt er uns eine Welt, die unnachahmlich von ihm geprägt ist. Diejenigen, die Feinsteins berühmte Fotografien kennen, werden nach dem ersten Schock jedoch eine Beziehung zwischen diesen Pflanzenaufnahmen und beispielsweise den Bildern von Coney Island erkennen. Sie sind vom gleichen Geist erfüllt, bereichern und bekräftigen sich gegenseitig. Während ich Bilder von beiden Projekten vor mir auf dem Schreibtisch hin und her schiebe, sehe ich in jedem von ihnen eine tiefe Ehrfurcht vor dem Leben. Lächelnde Gesichter am Badestrand verwandeln sich langsam in einen Blumenstrauß, der wohl überlegte Ausschnitt einer geöffneten Blüte lässt den Gedanken an ein Porträt aufkommen. Als Teil einer umfassenden Sicht der Welt benötigen sie keine weitere Rechtfertigung.

Darstellungen von Blumen sind eine traditionelle und weit verbreitete Art von Büchern, denn Blumen kommt in vielen Religionen eine sakrale Bedeutung zu, wie etwa der Rose im Christentum oder der Lotosblüte im Buddhismus. Zudem sind Botaniker seit jeher von Pflanzen begeistert, sind sie doch nicht nur wunderschön, sondern auch greifbare Beispiele für die Fortpflanzung in der Natur. Innezuhalten, um den Duft einer Rose einzuatmen, ist eine Form der Kontemplation; sich zu setzen, um Bilder von Rosen zu betrachten, eine andere.

Wie die Künstler der anderen Techniken abbildender Kunst waren auch Fotografen von Anfang an von Pflanzen als Motiv angezogen – und zwar in einem solchen Ausmaß, dass ein neuerer Überblick über dieses Genre hunderte von Beispielen erfasste, aber tausende beiseite lassen musste.[2] Die vielen Fotografen, die sich der Pflanzenfotografie widmeten, haben dazu beigetragen, dass wir Pflanzen genauer ansehen.

Feinstein regt jedoch dazu an, uns in Beziehung zu Pflanzen zu setzen, in sie hineinzusehen – und seine Bilder ermöglichen uns dies. Normalerweise könnten wir nie eine Blüte so detailliert betrachten. Diese Nähe und Schärfe, die dem bloßen Auge nicht möglich ist, kann uns nur die Fotografie schenken. Einige Fotografien in diesem Band sind so klar und scharf, dass man die Körner auf dem Staubblatt zählen oder den Adern und feinen Staubfäden nachspüren kann.

Sie werden dieses Buch mit Feinsteins Fotografien vermutlich in den Schoß legen oder auf einem Tisch durchblättern. Ihre Augen werden zunächst über die Blumen gleiten, dann innehalten und vielleicht sogar auf der einen oder anderen Blüte ruhen.

Finden Insekten auf diese Art die Öffnung einer Blüte? Erkennt sie eine Biene, ein Schmetterling oder eine Ameise auf dieselbe Weise wie wir? Bestimmt nicht. Die hier gezeigten Bilder dienen keinen anthropomorphischen Spekulationen über die visuellen und psychologischen Fähigkeiten anderer Arten, sondern vielmehr der Vorstellung, wie wir mit unserer Intelligenz, unserem Geist und unseren Sinnen ein Leben unter ihnen, mit ihnen wahrnehmen würden, wie wir es empfinden würden, sie zu besuchen wie etwa ein Hotel, ein Restaurant, ein Zuhause oder eine religiöse Stätte. Die Fotografien können uns jedoch auch zu dem Gedanken inspirieren, diese Lebewesen als Mitbewohner, etwa desselben Ökosystems, oder als Geist, der mit unserem in Kontakt tritt, anzusehen.

Feinstein geht auf sehr unterschiedliche Weise mit diesen Formen von Leben um. Auf einigen seiner Aufnahmen erscheinen Blumen als Fleisch gewordene, fühlbare und sinnliche Lebewesen. Auf anderen enthüllt er sie als Schäfte, als visuelles Terrain, das zur imaginären Wanderung einlädt. Wieder andere zeigt er als Räume und komplexe Konstruktionen, die das Auge und die Gedanken des Betrachters bewegen. Manche scheinen jedoch wie Flammen zu zucken und zu strahlen – sichtbar gewordene Energie.

»Meine Arbeit mit der Kamera war mein Weg, das Wunderbare zu enthüllen, das ich für die Schöpfung Gottes halte«, schrieb Feinstein vor kurzem, »auch wenn mir dies erst sehr viel später im Leben bewusst geworden ist … Wir haben aufgehört, das Leben um uns herum zu erkennen. Ich habe die Absicht, den Betrachter wieder mit den Geschenken, die uns umgeben, vertraut zu machen und sie ihn so sehen zu lassen, als sähe er sie zum ersten Mal.«[3] Ob man nun an einen Gott glaubt oder Anhänger des Darwinismus ist, Feinstein bringt uns mit diesen Aufnahmen wie auch mit seinen bisherigen Arbeiten »das Leben, das uns umgibt« wieder ins Gedächtnis. Feinsteins Blumenfotografien in diesem Buch sind ein großes Geschenk, denn sie überzeugen uns davon, dem Leben, wo immer es sich manifestiert, stets aufs Neue behutsam und respektvoll zu begegnen.

[1] Zitiert nach Hunt, Leslie: »*An Unobstructed View: Harold Feinstein's Inner Eye Grows Keener With the Passing Seasons*«, Photo-Electronic Imaging, Februar 1999, S. 8
[2] Ewing, William: »*Flora Photographica: The Flower in Photography from 1835 to the Present*«, New York 1991
[3] Notiz vom 13. Juli 1999

WEISSE BLÜTEN

Pflanzen mit weißen Blüten oder weiß panaschierten Blättern machen sich durch Helligkeit im Garten bemerkbar. Weiß zieht die Aufmerksamkeit auf sich – und leuchtet im buchstäblichen Sinne: Es reflektiert alle anderen Farben, ohne sie zu absorbieren. Weiß ist keine echte Farbe, sondern repräsentiert vielmehr deren Abwesenheit.

Die Helligkeit oder Leuchtkraft einer weißen Blüte oder eines weißen Blattes hängt vom Licht- und Schattenspiel auf seiner Oberfläche ab sowie von der visuellen und mentalen Wahrnehmung ihres Reinheitsgrades. Es gibt nicht viele reinweiße Blüten – auch wenn Weiß das Farbsymbol der Reinheit ist. Die meisten weißen Blüten weisen noch einen grünen, gelben, rosa- oder lavendelfarbenen Ton auf. Doch sobald Weiß mit einer anderen Farbe vermischt ist, und sei es nur ein Hauch, wirkt es weniger intensiv und leuchtend.

Keine Farbe beeinflusst eine Landschaft so stark wie Weiß. Leuchtendes Weiß verkürzt optisch – ein perspektivischer Trick, der Objekte näher erscheinen lässt, als sie sind. Weiß vor einem entfernten Hintergrund in dunklen, gedämpften Farben vermittelt ein Gefühl von Weite und Geräumigkeit. Das Auge wird von dem weißen Objekt im Vordergrund angezogen, sodass die Gegenstände in größerer Distanz noch weiter entfernt anmuten. Weiße Blüten sind nachts, insbesondere bei Mondlicht, besser zu sehen als farbige, da unser Auge stärker auf Leuchtkraft als auf Farbe reagiert.

Wie jede Farbe wird auch Weiß unterschiedlich wahrgenommen. Es kann warm oder kalt erscheinen. Faktoren wie Luft- und Lichtqualität, Jahreszeit, Stand der Sonne, Menge und Farbe des Blattwerks spielen eine Rolle bei der Wirkung von Weiß.

Seite 19: RANUNKEL (Sorte von *Ranunculus asiaticus*)
Die Türkei ist die Heimat der herrlichen gefüllten Ranunkeln. In europäischen Gärten haben sie erst im späten 18. Jahrhundert Einzug gehalten. Da sie jedoch im Freien nicht leicht zu ziehen sind, werden sie meist in Gewächshäusern kultiviert und als Schnittblumen verkauft.

Seite 20: MAGNOLIE (Sorte von *Magnolia*)
Georgia O'Keeffe teilte folgende Meinung darüber, warum sie überlebensgroße Blumen malte: »Jeder verbindet mit einer Blume unterschiedliche Assoziationen – die Vorstellung von Blumen. Man streckt die Hand aus, um sie zu berühren, lehnt sich vor, um sie zu riechen, drückt vielleicht sogar träumerisch die Lippen an sie oder macht jemandem mit ihr eine Freude. Doch kaum einer sieht sie richtig an; sie ist so klein, und wir haben keine Zeit – und sehen bedeutet, sich Zeit zu nehmen, Zeit zu nehmen wie für einen Freund.«

Seite 21: DAHLIE (Sorte von *Dahlia*)
Dahlien sind starkwüchsige Pflanzen, die viel Sonne, gute Erde und ausreichend Dünger benötigen, um schön zu gedeihen. In mildem Klima werden sie als Stauden, in kaltem als Einjährige gezogen. Es gibt mehr als 20 000 Hybriden, von Cactus- bis hin zu Pompon-Dahlien. Sie alle stammen von Arten, die in Mittelamerika heimisch sind.

Seite 22: HERBSTANEMONE (Anemone-Japonica-Hybride)
Japananemone und Herbstanemone sind zwei gebräuchliche Namen für dieselbe Gruppe von mehrjährigen Pflanzen. Gärtner aus England, den USA, Frankreich und Deutschland züchteten viele Hybriden von in Japan heimischen Arten. Diese leicht zu ziehenden Gartenstauden bringen an langen, drahtigen Stielen im Spätsommer und Herbst hübsche Blüten hervor.

Seite 23: GÄRTNER-CHRYSANTHEME (Dendranthema-Grandiflorum-Hybride)
Chrysanthemen zählen zu den bekanntesten Gärtnerpflanzen. Im Herbst, wenn die Tage kürzer werden, bilden sich Blütenknospen, die den Garten mit Farbe erfüllen.

ROSEN

Viele der herrlichsten Rosen – ob für den Garten oder für das Zimmer – sind Moderne Rosen. Diese nach 1866 entstandenen Hybriden umfassen verschiedene bekannte Gruppen wie etwa Teehybriden, Miniaturrosen und Floribundarosen, um nur einige zu nennen. Ihre sommerliche Blüte macht sie in Gärten auf der ganzen Welt beliebt. Rosengruppen, die vor 1866 entstanden sind, zählt man zu den Alten Rosen. Zu ihnen gehören etwa die Zentifolie oder Kohlrose mit »hundert Blütenblättern«, die nach Moschus duftende Moschusrose und die Rugosa- oder Kartoffelrose mit ihren runzeligen Blättern. Doch am bedeutendsten sind die Wildrosen: Aus ihren einfachen Blüten wurden alle, sowohl die Modernen als auch die Alten Rosen, gezüchtet oder selektiert. Im gemäßigten und subtropischen Klima der Nordhalbkugel sind etwa 150 Arten heimisch. In Nordamerika, Europa, Asien und Nordafrika gehören Rosen zur natürlichen Flora.

Ursprünglich wuchsen alle Rosen-Arten in relativ geringer Entfernung zueinander. Doch dies liegt Millionen von Jahren zurück, bevor infolge der Erdverschiebung und Gletschertätigkeit immense Wasser- und Landmassen ihre Lebensräume teilten. Die heutige Verbreitung von Rosen, Magnolien und anderen Pflanzen lässt vermuten, dass sich Blütenpflanzen in verschiedenen Teilen der früheren Erdoberfläche entwickelten, noch bevor diese vor etwa 190 Millionen Jahren auseinander brach. Doch diese Annahme kann nicht durch Versteinerungen von Blütenpflanzen aus dieser Zeit untermauert werden.

Als zu Beginn des 19. Jahrhunderts bekannt wurde, dass sich sowohl versteinerte als auch existierende Pflanzen auf beiden Seiten des Atlantiks ähneln, entwickelten Biologen Theorien, die sich auf die Verschiebung der Kontinentalplatten bezogen. Nachdem die Kontinente ihre endgültige Position eingenommen hatten (sie bewegen sich jedoch auch heute noch 2,5 Zentimeter pro Jahr), siedelten sich während der Eiszeit vor 2,5 Millionen Jahren auf der Nord- und der Südhalbkugel wieder Pflanzen an. Es wird vermutet, dass eine Veränderung der Erdumlaufbahn die Temperatur sinken ließ und sehr große Eisplatten an den beiden Polen alles, was ihnen im Weg war, zermalmten oder verdrängten. Mehrere Male dehnten sich die Gletscher aus und zogen sich wieder zurück. Bei jedem Rückzug des Eises bekamen Pflanzen die Chance, das neue Land wieder einzunehmen. Die Wiederansiedlung muss von Tieren und dem Wind, der die Samen weitertrug, unterstützt worden sein; doch die Ostwestausrichtung der europäischen Gebirgszüge bildete eine Barriere für die nördliche Ausbreitung der Pflanzen – Nordeuropa weist daher nur eine begrenzte Flora auf.

Es ist reines Glück, dass es in Europa, Asien und Nordafrika so viele Rosen-Arten gibt, denn in diesen Regionen entstanden Zivilisationsformen, die Landwirtschaft und Viehhaltung einführten. Die Versorgung der Bevölkerung war dadurch sichergestellt, während sich in den Städten Kunst, Kommunikation, Religion, Philosophie und Naturwissenschaft entwickelten – Bereiche, die zwar nicht existenziell sind, aus denen jedoch Inspiration und Schönheit hervorgehen, Inspiration und Schönheit, wie sie eine Rose verkörpert.

Seite 26: TEEHYBRIDE (Sorte von *Rosa*)
Rosen sind anspruchsvolle Gartenpflanzen, da sie viel Pflege benötigen. Jede Pflanze wird geschnitten, gedüngt und gewässert, doch bei Rosen muss dies öfters geschehen.

Seite 27: TEEHYBRIDE (Sorte von *Rosa*)
Die deutsche Bezeichnung »Rose« geht auf den botanischen Namen »*Rosa*« zurück, der aus dem Lateinischen kommt. Dieser wiederum besitzt einen altpersischen Wortstamm, aus dem auch der französische »*julep*« hervorging – ein süßer Heiltrank aus Rosenwasser.

Seite 28: ALTE ROSE (Sorte von *Rosa*)
In »*Blessed Assurance*« fängt Allan Gurganus die Schönheit ewigen Glücks ein:
»›Wie hat sie diesen Himmel dargestellt?‹ … ›Rosen‹, antwortete Mrs. Battle, ohne zu zögern.
›Dutzende. Rosen. Vielleicht auch tausende.‹«

Seite 29: ALTE ROSE (Sorte von *Rosa*)
Der Rosenkranz besteht aus einer Kette mit Perlen und wird von Katholiken benutzt, um die Zahl der gesprochenen Gebete an die Jungfrau Maria zu kontrollieren. Ursprünglich bestanden die Perlen aus zusammengepressten Blütenblättern der Rose.

Seite 30: MINIATURROSE (Sorte von *Rosa*)
Miniaturrosen brauchen die gleichen Wachstumsbedingungen wie andere Rosen: täglich mindestens fünf Stunden Sonne, einen gut durchlässigen Boden ohne konkurrierende Baumwurzeln und während der Wachstumsphase wöchentlich mindestens einen Kübel Wasser.

Seite 31: ALTE ROSE (Sorte von *Rosa*)
Gabriel García Márquez verwendet in »*El amor en los tiempos del cólera*« (»*Die Liebe in den Zeiten der Cholera*«) die Rose als Symbol unerwiderter Liebe: »Fassungslos vor Seligkeit verbrachte Florentino Ariza den Rest des Nachmittags damit, Rosen zu essen und den Brief zu lesen, er ging ihn ein ums andere Mal Buchstabe für Buchstabe durch, und je länger er las, desto mehr Rosen aß er. Um Mitternacht hatte er ihn so oft gelesen und so viele Rosen verspeist, daß seine Mutter ihm wie einem Kalb gewaltsam eine Schale Rizinusöl einflößen mußte.«

Seite 32/33: MODERNE ROSE (Sorte von *Rosa*)
»Er, der wundervolle Rosen in seinem Garten hat, muss auch wundervolle Rosen in seinem Herzen haben.« Aus: »*A Book About Roses*« von S. Reynolds Hole, Dean of Rochester.

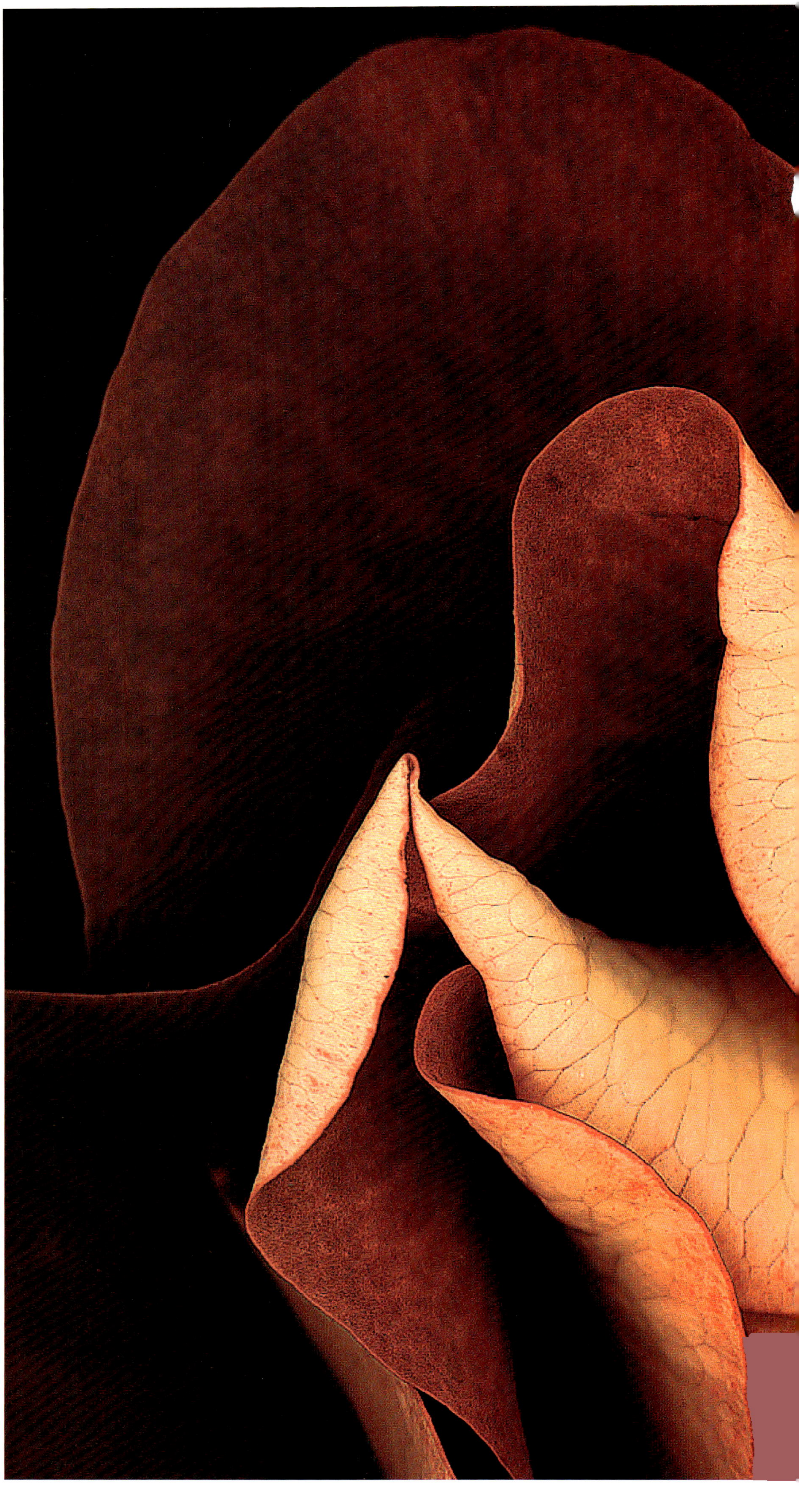

STIEFMÜTTERCHEN UND VEILCHEN

Stiefmütterchen sind bei allen beliebt. Sie blühen selbst in der kalten Jahreszeit und erfreuen uns, wenn andere Blumen bereits verwelkt sind. Im Englischen werden Stiefmütterchen »*pansy*« genannt, ein Wort, das auf das französische »*pensée*« zurückgeht, was »Gedanke« bedeutet. 400 Jahre nachdem dieser Name eingeführt wurde, kann man jedoch kaum noch nachvollziehen, wie die Pflanze zu ihm gekommen ist. Vielleicht hat ihre Blüte, die an ein ausdrucksstarkes, nachdenkliches Gesicht erinnert, zu der Bezeichnung geführt. Veilchen, die kleineren Verwandten der Stiefmütterchen, werden im Englischen »*heartsease*« genannt – und der Grund hierfür liegt dieses Mal nahe, erfreut ihr fröhlicher Anblick doch Herz und Auge. Stiefmütterchen und Veilchen tragen jedoch dieselbe botanische Bezeichnung: *Viola*.

Stiefmütterchen sind in Regionen mit mildem Winter und kühlem Sommer ausgezeichnete Beetpflanzen. Bei mildem Winter und warmem Sommer werden sie am besten im Herbst gepflanzt. Sie blühen dann hin und wieder im Winter und üppig im Frühling. In Gebieten mit kühlem Sommer pflanzt man Stiefmütterchen dagegen im Frühling – so ist den ganzen Sommer und Herbst bis zu den ersten strengen Frösten für eine reiche Blüte gesorgt. Stiefmütterchen werden als Einjährige gezogen: Sie gedeihen entweder eine ganze Saison oder so lange, bis die Temperaturen zu hoch werden und die Pflanzen das Wachstum einstellen.

Stiefmütterchen kann man wahrlich als Pflanzen unserer modernen Zeit bezeichnen, denn sie sind nicht wild wachsend, sondern kommen nur in angelegten Gärten vor. Englische Züchter verwendeten in den dreißiger Jahren des 19. Jahrhunderts Sämlinge von *Viola tricolor* und entwickelten Blüten mit dunklen Mitten. Seitdem werden von Züchtern Stiefmütterchen mit und ohne dunkle Mitten auf den Markt gebracht.

Seite 35: GARTENSTIEFMÜTTERCHEN *Viola wittrockiana* 'Antique Shades'
Stiefmütterchen sind unverzichtbar, denn sie benötigen nicht viel Pflege und sorgen im Frühling für Farbe. Wenn nach dem Winter die Tage wieder länger werden, erscheinen ihre leuchtenden Blüten in großer Zahl. Haben sie einen sonnigen oder halbschattigen Platz mit guter Erde, öffnen sich ihre spitzen Knospen selbst an hellen Wintertagen.

Seite 36: GARTENSTIEFMÜTTERCHEN (Sorte von *Viola wittrockiana*)
Katherine Whiteside schreibt in »*Antique Flowers*«, dass Veilchen, die Vorgänger der heutigen Stiefmütterchen, in England über 200 gebräuchliche Bezeichnungen haben. Vor 1800 waren so sprechende Namen wie »Tickle-my-fancy«, »Love-in-idleness« und »Meet-her-in-the-entry-kiss-her-in-the-buttery« üblich.

Seite 37: GARTENSTIEFMÜTTERCHEN (Sorte von *Viola wittrockiana*)
Eine andere Assoziation mit dem englischen Namen »*pansy*« hat mit Erinnerung zu tun und kommt der Nachdenklichkeit, die man mit dem ursprünglichen Sinn des Wortes verbindet, sehr nahe. Shakespeare benutzt diesen Bezug in »*Hamlet*«: » … and there is pansies, that's for thoughts.«

Seite 38: GARTENSTIEFMÜTTERCHEN (Sorte von *Viola wittrockiana*)
Louise Beebe Wilder schreibt in »*The Fragrant Garden*«: »Früher nahm man an, dass der Saft von Stiefmütterchen Zuneigung wundersam verstärken könne.«

Seite 39: GARTENSTIEFMÜTTERCHEN (Sorte von *Viola wittrockiana*)
In den vierziger Jahren des 19. Jahrhunderts waren in England Stiefmütterchen so beliebt, dass Anhänger der hoch geschätzten Gartenblume Vereine gründeten und Ausstellungen organisierten. Schnittblumen wurden bewertet und ausgezeichnet. Die Popularität der »*pansy societies*« in England war so groß, dass auch in Frankreich und Belgien Vereine entstanden.

MOHN

Die alten Griechen glaubten, Schlaf sei die beste Medizin und das Schlaf bringende Morphin ehre den Gott Morpheus, der angeblich in ihren Träumen menschliche Gestalt annimmt. Morphin und andere Opiumderivate sind Alkaloide (basische Naturstoffe von Pflanzen); Opium selbst wird aus dem eingetrockneten Milchsaft des Schlafmohns (*Papaver somniferum*) gewonnen. Nur der Saft der unreifen Samenkapsel enthält die Alkaloide; alle anderen Bestandteile der Pflanze, wie etwa die Mohnsamen, die in der Küche Verwendung finden, haben keine narkotisierende Wirkung. Diese Mohn-Art ist in Südosteuropa und dem angrenzenden Asien heimisch und variiert in Blütenfarbe und -form. Cremeweiß, Mauve und Violett dominieren zwar, aber es gibt auch Rosarot und Lachstöne, besonders bei der gefüllten Form. Der Schlafmohn ist eine einjährige Pflanze, sät sich jedoch üppig selbst aus und erscheint jedes Jahr wieder. Hat man ihn einmal im Garten, bleibt er für immer.

Es gibt mehr als 50 Arten, von denen dem europäischen Klatschmohn (*Papaver rhoeas*) ebenfalls eine narkotisierende Eigenschaft zugesprochen wird. Von dieser einjährigen Art stammt der farbenprächtige Shirley-Mohn, den Reverend Wilks of England selektiert hat. Wie viele Vikare betätigte auch er sich gärtnerisch. 1880 entdeckte er zwischen dem gewöhnlichen scharlachroten Klatschmohn ein Exemplar mit einer einzigartigen Färbung: Seine Kronblätter waren weiß gerandet – noch nie zuvor hatte er eine solche Pflanze gesehen. Reverend Wilks kennzeichnete sie und sammelte den Samen. Viele Jahre und Pflanzengenerationen später entwickelte sich eine neue Klatschmohn-Rasse mit verschiedenen Tönen von Rosarot und Weiß. Im Gedenken an das Pfarrhaus nannte der Reverend sie Shirley-Mohn.

Shirley-Mohn gehört zu einer Anzahl von Pflanzen, die von ambitionierten Gärtnern in Wesen von außergewöhnlicher Schönheit verwandelt wurden. Ob bei Stiefmütterchen, Nelken, Schwertlilien, Schlüsselblumen oder Taglilien – oft gelingen Gärtnern und Hobbybotanikern, die ihr Tun nicht unter kommerziellen Aspekten begreifen, die großen Schritte in der Züchtung. Pflanzen lassen sich nur langsam verbessern, von Menschen, die über Geduld und eine Vision verfügen und zulassen, dass das Ergebnis viel mit Glück zu tun hat, von Menschen, die erkennen, dass ein Schöpfungsvorgang mehr beinhaltet als das, was sie zu ihm beitragen. Walt Whitman fasste diesen Aspekt bei der Schaffung einer neuen Pflanze treffend zusammen, als er schrieb: »Für mich gibt es nichts als Wunder.«

Seite 41: ISLANDMOHN (*Papaver nudicaule*)
»*Papaver*« ist der botanische Name für Mohn. Im Gegensatz zu anderen Mohn-Arten gibt es Islandmohn auch in für die Gattung so untypischen Farben wie Weiß, Gelb und Orange.

Seite 42: SCHLAFMÜTZCHEN (*Eschscholzia californica*)
Diese schwachwüchsige Verwandte des Mohns besitzt leuchtend orangefarbene Blüten und silbrige Blätter. Während der Blüte bilden die Pflanzen einen farbenprächtigen Teppich. Diese nicht winterharten Stauden können jedes Jahr aus Samen gezogen werden.

Seite 43: MOHN (*Papaver*)
Robert Burns schreibt in »*Tam o' Shanter*«: »Mohnblumen gleich, so flüchtig ist die Freud';
erfasset kaum, entblättert, bald verstreut.« Mohn hält in der Vase nicht lange,
außer er wird früh am Morgen in geschlossenem Zustand geschnitten.
Die Stielenden sollten sofort in kochendes und dann in kaltes Wasser getaucht werden.
So sehen die Blumen mehrere Tage lang frisch aus.

ORCHIDEEN

Orchideen bilden eine große Gruppe von Blütenpflanzen mit etwa 18 000 Arten. Sie gedeihen überall – ausgenommen in extrem kalten und sehr trockenen Regionen. Orchideen entwickelten sich in verschiedene Richtungen und passten sich dadurch dem jeweiligen Lebensraum an. Ihre Blüten weisen eine Vielfalt von Formen auf, wie sie bei keiner anderen Gruppe von Blütenpflanzen anzutreffen ist. Dies machen sich Orchideen zunutze, um die unterschiedlichsten Bestäuber anzulocken: Bienen, Wespen, Ameisen, Käfer, Vögel, Fledermäuse, Frösche und Fliegen werden von Düften oder optischen Reizen angezogen und bestäuben die Blüten. Nach der Bestäubung und Befruchtung bildet sich eine Kapsel mit vielen Samen. Die Samenkapsel der Orchideen-Art *Vanilla planifolia* beinhaltet das Aroma der Echten Vanille. Obwohl die Vanille keine Bohne ist, weckt die lange, dünne Schote Assoziationen an sie.

Orchideen bilden zwar selbst eine große Pflanzengruppe, gehören jedoch einer noch größeren an: den Decksamern oder Angiospermen, also allen blühenden Pflanzen. Ihre Samenanlagen sind in einem Fruchtknoten eingeschlossen, aus dem sich später die Frucht entwickelt. Die Nacktsamer oder Gymnospermen stellen eine kleinere Gruppe von Pflanzen dar. Zu ihr zählen beispielsweise Koniferen wie Kiefern, deren Samenanlagen nicht in einem Fruchtknoten liegen, sondern frei an Samenblättern sitzen. Sie werden nicht als blühende Pflanzen betrachtet.

Farne und farnähnliche Pflanzen bezeichnet man als Pteridophyta. Diese Gruppe von primitiven Pflanzen besitzt weder Blüten noch Früchte und vermehrt sich nicht durch Samen, sondern durch Sporen. Mit Hilfe dieser Systematik lassen sich Pflanzen unter Berücksichtigung der Evolution identifizieren und klassifizieren – und sie liefert Informationen über die Verwandtschaft der Pflanzen untereinander.

Botaniker und Taxonomen betrachten Orchideen als hoch entwickelte Pflanzen. Die Botanik und die Taxonomie sind Teilgebiete der Biologie. Während sich Botaniker mit der Pflanzenanatomie befassen, legen Taxonomen die Definition und Benennung von Pflanzen fest – beide tragen dazu bei, dass wir Einblick in das Reich der Pflanzen erhalten. Bevor eine einzelne Pflanze in die allgemeine Systematik eingereiht wird, müssen viele Faktoren berücksichtigt werden, wie Chemie, Geografie und Habitat, Form und Funktion der Wurzeln, Stiele, Blätter und Blüten sowie Pollenform und Art der Bestäubung. Da das Ergebnis jedoch nicht bestätigt werden kann, kommt es letztendlich eher zu einer wohlbegründeten Vermutung als zu einer gesicherten Entscheidung.

Die Vereinfachung der Blätter, die begrenzte Anzahl an Blütenteilen und ihre Verschmelzung miteinander sowie die vielfältigen Lebensräume sind einige Gründe für die Annahme, dass Orchideen höher entwickelt sind als etwa Magnolien, Pfingstrosen oder Rosen. Pflanzen, die in der Entwicklungsstufe über den Orchideen stehen, zeigen einige dieser Merkmale und verzichten sogar ganz auf Kronblätter und Insekten anlockenden Nektar – sie werden durch den Wind bestäubt, wie etwa Gräser.

Seite 45: *Oncidium tigrinum*
Der Name dieser kleinblütigen Orchideen-Art geht auf ihre an ein Tigerfell erinnernde Streifen auf den oberen Kronblättern zurück. Die epiphytische Pflanze ist in Mexiko heimisch. Sie wird wegen ihrer hübschen Rispen gern gezogen und als Schnittpflanze verkauft.

Seite 46: NACHTFALTERORCHIDEE (Sorte von *Phalaenopsis*)
Die Pflanze zählt zu den am einfachsten zu ziehenden Zimmer-Orchideen. Ihre Blüten können bis zu zwei Monate lang halten. Von Anfang an helles, indirektes Licht, eine gute Belüftung und regelmäßiges Wässern tragen dazu bei, dass die Nachtfalterorchidee lange gesund bleibt.

Seite 47: NACHTFALTERORCHIDEE (Sorte von *Phalaenopsis*)
Die einzigartige Blütenform dieser Orchidee hat die Namensgebung inspiriert. Obwohl es sie in unterschiedlichen Farben gibt, lässt nur die ausgeprägte Schönheit einer weiße Blüte Assoziationen an einen Nachtfalter aufkommen.

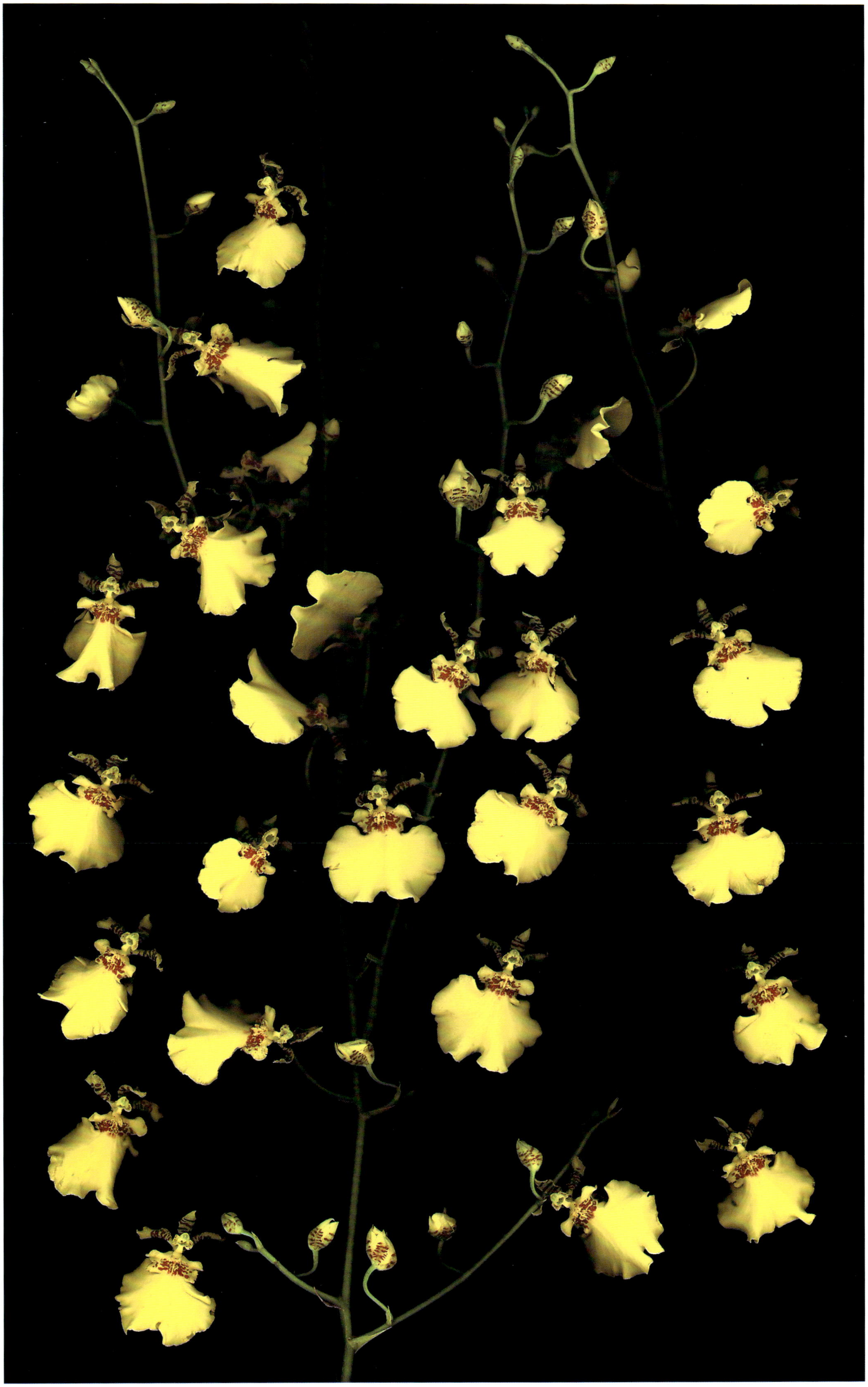

SCHWERTLILIEN

Der botanische Name der Schwertlilie, *Iris*, geht auf die griechische Mythologie zurück: Die Göttin Iris verkörpert den Regenbogen, auf dem sie als Botin unterwegs ist. Die Farben eines Regenbogens verweisen wiederum auf die Vielfalt an Blütentönen der etwa 300 Schwertlilien-Arten. Die meisten sind in der nördlichen gemäßigten Klimazone Asiens, Europas und Nordamerikas heimisch.

In Gärten sind am häufigsten hohe oder mittelhohe Bartiris zu finden. Sie werden manchmal fälschlicherweise als Deutsche Schwertlilie (*Iris germanica*) bezeichnet, da sie ihr sehr ähnlich sehen. Einstweilen sind sie Hybriden, die im frühen 18. Jahrhundert aus einer Hand voll in Europa heimischer Arten gezüchtet wurden. Seitdem haben Gärtner auf der ganzen Welt tausende von Schwertlilien selektiert und gezüchtet. Im Spätfrühling öffnen sich an ihren verzweigten Stielen viele herrlich geformte und manchmal duftende Blüten. Es ist nicht übertrieben, wenn man die Farbskala dieser einfach zu ziehenden mehrjährigen Pflanzen mit einem Regenbogen vergleicht. Sie wurden so beliebt, dass sie heute in großem Umfang kommerziell gezüchtet und vermehrt werden. Die aufrechten, schwertförmigen Blätter der Bartiris sind fächerartig angeordnet. Sie entwickeln sich aus einem unterirdischen, kriechenden Wurzelstock, der Rhizom genannt wird. Das Rhizom einer Varietät der Deutschen Schwertlilie (*Iris germanica* var. *florentina*) ist als Orris root bekannt. Es duftet, kann getrocknet oder zu Pulver verarbeitet werden und bildet die Basis für Kosmetika und Parfums.

Die Sibirischen Schwertlilien sind ebenfalls beliebte mehrjährige Gartenpflanzen. Ihre Blätter verändern sich mit den Jahreszeiten: Im Winter werden sie braun, und Gärtner schneiden sie dann meist über dem Boden ab. Doch oft sind die gelbbraunen Büschel so dekorativ, dass man sie auch belässt. Will man sie jedoch abschneiden, so sollte dies geschehen, wenn die Blätter noch trocken sind, denn im nassen Zustand besitzen sie die Festigkeit von Hanf.

Seite 49: BARTIRIS (Sorte von *Iris*)
Die Lilie des Lilienbanners ist zu einem bekannten Symbol geworden und geht auf die Schwertlilienblüte zurück. In stilisierter Form wurde sie zum Wappenbild der französischen Könige. Doch sie galt auch als Blume der Ritterlichkeit: Das Blatt stand für das kampfbereite Schwert, während die Blüte ein reines Herz repräsentierte.

Seite 50: BARTIRIS (Sorte von *Iris*)
Das Schöne an diesen wundervollen Pflanzen ist, dass sie so wenig Mühe erfordern. Sie benötigen volle Sonne, um zu blühen, und gut durchlässige Erde. Das Rhizom sollte nur wenig oder gar nicht mit Erde bedeckt sein, da die Pflanzen sonst nicht blühen oder das Rhizom zu faulen beginnt.

Seite 51: BARTIRIS (Sorte von *Iris*)
In »*Flowers and Fruit*« beschreibt Colette blaue Schwertlilien: »Die Garteniris, die in allen Ländern zu Hause ist … wird von vielen Menschen, die nichts über die Farbe Blau wissen, als der Inbegriff von Blau angesehen.«

SONNENBLUMEN UND LÖWENZAHN

Die meisten von uns kennen sowohl Sonnenblumen als auch Löwenzahn. Städter erkennen eine Sonnenblume genauso schnell wie Menschen, die auf dem Land leben. Und auch der Löwenzahn mit seinen leuchtend gelben Blüten oder duftigen Pusteblumen wird von jedem sofort identifiziert – und zwar auch von denjenigen, die ihn nicht im Garten ziehen können. Beide Pflanzen sind uns aus der Kunst und der Werbung, dem Kino und dem Fernsehen, aus Büchern und sogar aus der Mode bekannt. Und die Erinnerung hilft, etwaige Lücken zu schließen. In Bereichen, wo man auf die Darstellung dieser Pflanzen zurückgreift, ignoriert man dabei aber meistens ihre außergewöhnlichen und für sie charakteristischen Überlebensstrategien.

Sonnenblumen sind in den nordamerikanischen Prärien heimisch. Ihre gelben Blüten und schwarzen Samen haben jedoch nur wenig mit den großen, hängenden Blütenköpfen der Sonnenblumen unserer Gärten gemein. Bereits vor hunderten von Jahren begann man in Amerika, Sonnenblumen zu züchten und so zu selektieren, dass sie möglichst viele und große »Kerne« bildeten. Aufgrund ihres hohen Ölgehalts wurde die Sonnenblume zu einer wirtschaftlich bedeutenden Pflanze.

Sonnenblumen sind einjährig: Ihr Lebenszyklus beginnt im Frühling, wenn sie aus Samen heranwachsen. Während der langen Sommertage bilden sie hohe, belaubte Stiele und große, runde Köpfe aus vielen kleinen Blüten. Sind diese bestäubt und bilden sich Samen, geht der Zyklus seinem Ende zu.

Neben ihrer Funktion als wirtschaftlich bedeutende Feldpflanze und einzigartige Gartenblume hat die Sonnenblume auch Bezüge zu so abwegig erscheinenden Bereichen wie der Mathematik. Die spiralförmige Anordnung der kleinen Blüten – und später der Samen – auf der Blütenscheibe bestätigt eine mathematische Theorie, die Fibonacci-Folge genannt wird: Das Verhältnis der Anzahl der im Uhrzeigersinn verlaufenden Spiralen zu der Anzahl der gegen den Uhrzeigersinn verlaufenden Spiralen entspricht zwei aufeinander folgenden Zahlen der Fibonacci-Folge. Diese besteht aus einer endlosen Zahlenfolge: 1, 1, 2, 3, 5, 8 ... Das nächste Glied dieser Folge ist gleich der Summe der beiden vorangehenden Glieder. Diese Folge wurde von dem italienischen Mathematiker Leonardo von Pisa, auch Leonardo Fibonacci genannt, zu Beginn des 13. Jahrhunderts entwickelt. Sie basiert auf seinen Studien über die Fortpflanzung von Kaninchen – man könnte also sagen, die Fibonacci-Folge sei eine mathematische Theorie der Natur. Im 19. Jahrhundert gelang es Naturwissenschaftlern, dieses Phänomen in vielen Ausprägungen der Natur zu entdecken. So ist es in der spiralförmigen Anordnung der Schuppen von Kiefernzapfen genauso zu finden wie in dem Spiralmuster eines Schneckengehäuses und der gabeligen Verzweigung von Pflanzen. Wissenschaftler erkannten schnell, dass das Verhältnis von beliebigen zwei aufeinander folgenden Zahlen der Reihe (1,618) fast dem Verhältnis entspricht, das in der Kunst und der Architektur optimale Proportionen angibt – dem Goldenen Schnitt (1,6).

Obwohl der Löwenzahn mit der Sonnenblume nah verwandt ist, kommt er aus einem anderen Teil der Welt: Er stammt aus Europa und den angrenzenden asiatischen Regionen. Löwenzahn wurde jedoch in vielen anderen Gebieten eingeführt, wo er nun aufgrund seiner Beständigkeit zur heimischen Flora zählt. Gewächse oder Samen, die in eine fremde Umgebung gepflanzt werden, finden ein für sie neues Ökosystem vor. Dies ist für manche Arten vorteilhaft, wenn zum Beispiel die neue Umgebung nicht die Faktoren aufweist, die in der angestammten Region ihre Population beschränkt haben. Eingeführte Arten können sich somit in einem neuen Ökosystem weit verbreiten und dadurch Teil der einheimischen Flora werden. Gelingt dies, so ist die Art eingebürgert. Auf diese Weise werden aber auch viele Arten zu Unkraut – obwohl sie nicht zur natürlichen Flora einer Region gehören, breiten sie sich in ihr ungehemmt aus.

Löwenzahn ist eine der wenigen Pflanzen, die lebensfähige Samen bildet, ohne dass ihre Blüte je bestäubt oder befruchtet wurde. Dieses einzigartige Phänomen nennen die Biologen Apomixis, ungeschlechtliche Fortpflanzung. Sie ist ein Grund, warum sich Löwenzahn so stark verbreitet – seine Blüten sind nicht von bestäubenden Insekten abhängig, um viele Samen zu bilden. Die duftigen Samenstände werden vom Wind fortgetragen, in der Hoffnung, dass jedes Samenkorn einen Platz findet, an dem es nicht mit seinen Eltern konkurrieren muss.

Seite 54: SONNENBLUME (Sorte von *Helianthus annuus*)
James Underwood Crockett beschreibt in »*Crockett's Victory Garden*«, wie man die Kerne der Sonnenblumen am besten erntet: »Man wartet so lange, bis die Kerne voll ausgebildet und fest sind. Dann schneidet man den Kopf mit einem etwa 30 Zentimeter langen Stiel ab und hängt ihn an einen luftigen, trockenen Platz zum Ausreifen; in einer Schachtel würde er faulen. (Das größte Problem sind jedoch die Vögel, die uns meistens beim Ernten zuvorkommen.)«

Seite 55: SONNENBLUME (Sorte von *Helianthus annuus*)
Der volkstümliche Name »Sonnenblume« ist die Übersetzung der botanischen Bezeichnung, die aus dem Griechischen kommt: »*helios*« – »Sonne« und »*anthos*« – »Blume«. Manche nehmen auch an, der Name bezeichne die Eigenschaft der Sonnenblume, ihren Blütenkopf nach dem Stand der Sonne auszurichten. Die Assoziation der leuchtend gelben Zungenblüten mit den Sonnenstrahlen ist eine weitere Erklärung.

Seite 56: SONNENBLUME (Sorte von *Helianthus annuus*)
Gärtner sind auf ihre Pflanzen sehr stolz – und manchmal treten sie auch im Wettbewerb gegeneinander an. Sonnenblumen eignen sich von jeher gut für solche Veranstaltungen. Die höchste Sonnenblume erreichte 7,76 Meter, und die größte Blütenscheibe maß 82 Zentimeter Durchmesser.

Seite 57: RÜCKSEITE EINER SONNENBLUME (Sorte von *Helianthus annuus*)
Vincent van Gogh schrieb an seinen Bruder Theo: »... ich möchte für das Atelier eine Dekoration anfertigen. Nichts als große Sonnenblumen ... es werden ein Dutzend Bilder sein. So wird das Ganze eine Sinfonie aus Blau und Gelb.« Man stelle sich vor, wie van Goghs Komposition ausgefallen wäre, wenn er sich von der Rückseite der Blüten hätte inspirieren lassen.

Seite 58: LÖWENZAHN (*Taraxacum officinale*)
Der volkstümliche Name dieser Pflanze bezieht sich auf die gesägten Blätter der Pflanze, die Assoziationen an die Zähne eines Löwen wecken.

Seite 59: LÖWENZAHN (*Taraxacum officinale*)
In »*Flowers and Fruit*« schreibt Colette über den Löwenzahn: »Die zarte Rosette zu deinen Füßen ist ein heranwachsender Löwenzahn, und die Perle in seiner Mitte wird eines Tages seine Blüte sein.« Die zarte Rosette aus immergrünen Blättern wurde von Kolonisten in Form von Samen nach Nordamerika eingeführt. Sie verwendeten die verschiedenen Pflanzenteile als Nahrung, Medizin und Getränk.

KOSMEEN UND GÄNSEBLÜMCHEN

Die weit verbreiteten und beliebten Gänseblümchen regen zum Stecken von Kränzen und Spielen wie »Er liebt mich, er liebt mich nicht« an. Doch diese zierliche Blume ist auch eine nahe Verwandte zu einem sehr bekannten Gemüse – dem Kopfsalat. Beide gehören zu einer großen Familie, die Kosmee, Studentenblume, Artischocke, Löwenzahn, Aster, Goldrute, Kamille und Estragon umfasst. Die Familie der Korbblütler besteht aus etwa 21 000 Arten und ist überall auf der Erde zu finden, ausgenommen in der Antarktis.

Gärtner, die Gemüse anbauen, sehen hin und wieder Salatpflanzen blühen oder Samen ausbilden. Diese Blüten besitzen nicht den charakteristischen Aufbau der Korbblütler: herrlich gefärbte »Kronblätter«, die eine gelbe Mitte umgeben. Auch die Blüten von Artischocke und Goldrute entsprechen nicht den typischen Korbblüten. Selbst wenn sie sich äußerlich nicht gleichen, so weisen sie doch ähnliche Blütenteile auf, die in derselben Art und Weise angeordnet sind – was sie alle zu Mitgliedern einer Familie macht.

Die Blüte eines Korbblütlers ist nicht *eine* Blüte, sondern setzt sich aus vielen kleinen Blüten zusammen. Die gelbe oder manchmal braunschwarze Mitte des Blütenkopfes wird Blütenscheibe genannt und besteht aus schmalen Röhrenblüten. Die umgebenden »Kronblätter« sind ebenfalls einzelne Blüten. Da sie von der Blütenscheibe wie die Strahlen von der Sonne ausgehen, werden sie auch als Strahlen- oder Zungenblüten bezeichnet.

Im Englischen heißen Korbblütler *»daisy«*. Das Wort ist mittelenglischen Ursprungs und bedeutet *»days eye«*. Mit diesem Ausdruck hat man erstmals eine einheimische Blume beschrieben, die abends ihre bunten »Kronblätter« über der leuchtenden Blütenscheibe schließt – das strahlende »Auge« der Blüte ist wie die Sonne nur während des Tages sichtbar. Auch die Redewendung *»fresh as a daisy«* geht auf diese Blumen zurück und bedeutet »Unverdorbenheit«. Heute bezieht sich dieser Ausdruck überwiegend auf eine spezielle Pflanze: auf das *English daisy*, das Gänseblümchen (*Bellis perennis*).

Seite 62: KOSMEE (Sorte von *Cosmos bipinnatus*)
Kosmeen sind schnellwüchsige, farbenprächtige Einjährige. Sie erscheinen im Garten jedes Jahr wieder aus den herabgefallenen Samen der vorjährigen Pflanzen. Die Selbstaussaat ist keine zuverlässige Art der Vermehrung und führt zu eher willkürlichen Pflanzenkombinationen.

Seite 63: ZINNIE (Sorte von *Zinnia elegans*)
Die Hybriden dieser in Mexiko heimischen Art bieten mehr als die meisten anderen einjährigen Beetpflanzen. Allein die Farbskala ihrer Sommerblüten umfasst ein Dutzend Töne. Zudem gibt es langstielige Zinnien für den Schnitt, aber auch Zwergformen, die im Beet farbige Hügel entstehen lassen. Selbst bei den Blütenformen gibt es eine große Auswahl: Dahlien-, Cactus- oder Pompon- sowie Schmuckblüten sind nur einige.

Seite 64: GERBERA (Sorte von *Gerbera*)
Zu Beginn des 20. Jahrhunderts war die Gerbera in den USA noch unbekannt. Doch innerhalb von knapp 100 Jahren eroberte diese Blume eine Spitzenposition: die Gartencenter. Dies hat sie Züchtern zu verdanken, die ihre Blühfähigkeit und die Farbskala ihrer Blüten erhöht haben.

Seite 65: GERBERA (Sorte von *Gerbera*)
Die heutigen Gerbera sind nicht winterharte Stauden, die von zwei in Afrika heimischen Arten gezüchtet wurden. Sie werden meist als Topfpflanzen oder als Einjährige im Garten gezogen. Die Pflanzen bevorzugen Sonne und gut durchlässige Erde. Die Rosetten aus langen, gebuchteten Blättern sollten nicht zu tief gepflanzt werden, da sie sonst leicht faulen.

Seite 66: GERBERA (Sorte von *Gerbera*)
Gerbera sind gute Schnittblumen: In der Vase halten sie bis zu drei Wochen. Da sich die Blüte oft nicht mehr ganz öffnet, wenn die Blume einmal geschnitten ist, sollte man beim Kauf darauf achten, dass sie bereits voll erblüht ist.

Seite 67: GAZANIE (Sorte von *Gazania*)
Dem botanischen Namen dieser aus Südafrika stammenden, nicht winterharten Staude werden zwei Bedeutungen zugesprochen. Das lateinische »*gaza*« heißt »Schatz« – und die kräftig gefärbte Blüte lässt sich durchaus mit einem Kleinod vergleichen. Manche nehmen jedoch auch an, der Name beziehe sich auf Theodoros Gaza (um 1398–1476), der die botanischen Schriften von Theophrastos ins Lateinische übertragen und sie damit erst einer größeren Öffentlichkeit zugänglich gemacht hat.

Seite 68: GERBERA (Sorte von *Gerbera*)
Die Blüte der wild wachsenden Gerbera setzt sich normalerweise aus ein oder zwei Ringen orangeroter Kronblätter zusammen. Weist sie mehrere Ringe oder sogar Büschel aus kurzen Kronblättern auf, dann handelt es sich um fremdbestäubte und selektierte Hybriden.

Seite 69: GERBERA (Sorte von *Gerbera*)
In seinem Buch »*Crockett's Indoor Garden*« schreibt James Underwood Crockett über die Gerbera als Zimmerpflanze: »Diese südafrikanischen Pflanzen blühen das ganze Jahr über. Die meisten Blüten erscheinen zwischen der Mitte des Winters und dem Frühsommer. Die Lebensdauer der Pflanzen ist nicht eindeutig begrenzt, am besten werden sie [im Frühsommer] geteilt und wieder in frische Erde eingesetzt.«

Seite 70: MARGERITE (Sorte von Leucanthemum-Maximum-Hybriden)
Diese Pflanze zählt zu den vielen Hybriden, die Luther Burbank gezüchtet hat. Die leicht zu ziehenden Stauden eignen sich gut als Schnittblumen und gedeihen an einem sonnigen Platz in fast jeder Erde. Sie sind zwar nicht sehr langlebig, säen sich aber oft selbst aus. Zudem verlängert eine Teilung ihre Lebenszeit.

Seite 71: SONNENHUT *Rudbeckia fulgida* 'Goldsturm'
Der botanische Name dieser Pflanze geht auf den schwedischen Botaniker Olof Rudbeck (1660–1740) zurück. Er war Mentor des schwedischen Naturforschers Carl von Linné (1707–1778), der die Fachsprache der Botanik sowie das sogenannte Linnésche System entwickelt hat. Der Sonnenhut ist eine einfach zu ziehende Staude, die im Sommer einen farbenprächtigen Anblick bietet.

Seite 72: KOSMEE (Sorte von *Cosmos bipinnatus*)
Die Kosmee wird auch »Schmuckkörbchen« genannt – ein Ausdruck, der auf die altgriechische Bedeutung von »*kosmos*«, »Schmuck«, zurückgeht. Die Pflanze ist in Mexiko heimisch und bildet mit ihren anmutigen Blüten eine herrliche Landschaft in Scharlachrot, Orange, Gelb und Weiß.

Seite 73: Sorte von *Osteospermum*
Osteospermum sind Hybriden von Arten aus dem südlichen Afrika. In Regionen mit warmem, feuchtem Sommer bringen sie in Frühling und Herbst viele Blüten hervor; im Sommer öffnen sich dagegen nur wenige. Der botanische Name bezieht sich auf die knochenharte Frucht.

BLÜTENVIELFALT

Blüten ziehen uns durch ihre Schönheit und ihren Duft an – genauso wie ihre Bestäuber, die sie aus zwingendem Grund anlocken müssen. Blüten faszinieren uns, beflügeln unsere Phantasie, reizen unsere Sinne und verkörpern für uns die gesamte Pflanze.

Wir sind umgeben von Blütenpflanzen, die die vorherrschende Form pflanzlichen Lebens darstellen: Sie sind zahlreicher als alle anderen Pflanzen zusammen. So ist es also nicht verwunderlich, dass wir an herrliche Blüten denken, wenn von Pflanzen die Rede ist. Doch die Bedeutung von blühenden Pflanzen beschränkt sich nicht auf ihre Schönheit. Der Wohlstand von Nationen basiert auf der Produktion von Futterpflanzen, deren wichtigste Arten Blütenpflanzen sind.

Blütenpflanzen sind so zahlreich, weil sie erfolgreich Samen bilden und verbreiten können. Dieser einfach anmutende Vorgang sichert ihren Bestand und ihre Entwicklung. Man nimmt an, dass sich die erste Blütenpflanze aus Nacktsamern wie etwa nicht blühenden Koniferen und einer ausgestorbenen Gruppe von Farnen entwickelt hat. Die älteste Versteinerung einer Blütenpflanze wird auf 145 Millionen Jahre datiert. Möglicherweise existierten bereits davor blühende Pflanzen, doch es gibt keine versteinerten Überreste von ihnen.

Botaniker sind der Meinung, dass sich eine Blüte am besten als kompakter Trieb aus modifizierten Blättern beschreiben lässt. Daraus können wir sehen, dass sich jeder Teil der Blüte (Kronblätter, Staubgefäße etc.) aus Blättern oder den blattähnlichen Strukturen nicht blühender Pflanzen entwickelt hat. Die Verwandlung grüner Blätter in farbenprächtige Blüten mutet jedoch unglaublich an. Falls sich Blüten aus Blättern entwickelt haben, von denen die meisten grün sind, warum sind dann nicht die meisten Blüten grün? Neben den grünen Pigmenten, dem Chlorophyll, gibt es auch noch andere Pigmente in den Blättern. Doch in den einzelnen Teilen überwiegt das Blattgrün, mit dessen Hilfe die Pflanze assimiliert und lebensfähig bleibt. In Regionen, in denen es einen Herbst gibt, zeigen sich auch andere Farbstoffe. Mit kürzer werdenden Tagen stellen sich die Pflanzen auf den Winter ein und produzieren weniger Nahrung. Ihr Bedarf an Chlorophyll sinkt, sodass andere Pigmente zur Geltung kommen: Sie verwandeln den Herbst in die farbenprächtigste Zeit des Jahres.

Das herrliche Herbstlaub beweist, dass Pflanzen neben grünen noch andere Pigmente besitzen, Farbstoffe, die Pflanzen zu ihrer Entwicklung und Anpassung an neue Gebiete einsetzten. Pflanzen verwandelten das, was sie besaßen, in das, was sie benötigten – und brachten Blüten in genau der Form, Größe und Farbe hervor, die für die vorhandenen Bestäuber attraktiv waren. Gleichzeitig entwickelten sich Insekten in ähnlicher Weise, sodass zwischen Insekten und Pflanzen viele gegenseitig abhängige Verhältnisse entstanden. Es gibt aber auch Pflanzen, die auf andere Tiere oder den Wind angewiesen sind – nicht nur, um die Bestäubung sicherzustellen, sondern auch für die Verbreitung ihrer Samen.

Seite 77: GLADIOLE (Sorte von *Gladiolus*)
Vita Sackville-West schreibt über Gladiolen: »... unter den Spätsommerblumen ... sind diese großen, pfauenfederngleichen Blüten unübertroffen, wie Schwerter, die in alle Töne eines Sonnenaufgangs, eines Sonnenuntergangs und eines Sturmes getaucht wurden.«

Seite 78: WALDREBE (Sorte von *Clematis*)
Diese Pflanze verdankt ihren seidigen, sinnlich anmutenden Blüten die Bezeichnung »Königin der Kletterpflanzen«. Sie findet auf ungewöhnliche Weise Halt – ihre Blätter winden sich um eine Stütze.

Seite 79: LUPINE (Sorte von *Lupinus*)
Der Name dieser Pflanze stammt vom lateinischen »*lupus*«, »Wolf«. Vergleichbar einem Raubtier, das auf Beutefang ist, sollen Lupinen dem Boden, in dem sie wachsen, alle Nährstoffe rauben.

Seite 80: TRAUBENHYAZINTHE (*Muscari*)
Traubenhyazinthen sind leicht zu ziehen und blühen im Frühling. Die mehrjährigen Zwiebelpflanzen breiten sich schnell aus – bereits wenige Zwiebeln bilden bald einen dichten Horst. Henry Mitchell schreibt in »*One Man's Garden*«: »Sie sind es wert, gezogen zu werden – selbst wenn es nur ein halbes Dutzend ist. Ruskin beschrieb einmal ihre kompakten, wie Perlen aufgereihten blauen Blüten.«

Seite 81: SCHNEEFELBERICH (*Lysimachia clethroides*)
Der Schneefelberich gehört zur Familie der Primelgewächse, obwohl seine gebogenen weißen Blütenkerzen dies auf den ersten Blick nicht vermuten lassen. Die Staude kann sich durch Ausläufer stark ausbreiten und bildet große Gruppen.

Seite 82: ROSENEIBISCH (Sorte von *Hibiscus syriacus*)
Dieser Strauch erreicht zwei bis drei Meter Höhe und trägt im Sommer weiße, lavendelfarbene oder rosarote Blüten. Über seine Herkunft herrscht Unklarheit. Während die neuere Literatur den Roseneibisch zur Flora Europas zählt, geben andere Quellen Ostasien und China als seine Heimat an.

Seite 83: ALPENVEILCHEN (Sorte von *Cyclamen persicum*)
Viele empfinden die mit Raureif überzogenen Blätter der Alpenveilchen genauso inspirierend wie die Blüten. »Blätter der Cyclamen / Zarte Kröte, schimmernde Erde / Schön / Von Raureif benetzt …« Aus: »*Sicilian Cyclamen*« von D. H. Lawrence.

Seite 84: ALPENVEILCHEN (Sorte von *Cyclamen persicum*)
Der botanische Name »*Cyclamen*« geht auf das griechische Wort »*kyklos*«, »Kreis«, zurück. Wenn die Kronblätter abfallen, rollen sich die Blütenstiele ein, und es bilden sich Samenkapseln.

Seite 85: ALPENVEILCHEN (Sorte von *Cyclamen persicum*)
Christopher Brickell und Fay Sharman beschreiben in ihrem Buch »*The Vanishing Garden*« verschiedene pharmazeutische Anwendungszwecke des Alpenveilchens. Der römische Schriftsteller und Philosoph Apuleius riet: »Fallen einem Manne die Haare aus, so nehme man dieselbe Pflanze [Alpenveilchen] und stecke sie in die Nasenlöcher.«

Seite 86: GEMEINER FLIEDER (Sorte von *Syringa vulgaris*)
Die blühenden Fliederbüsche haben ihre Heimat zwar in Südosteuropa, doch sie sind heute in vielen Teilen der Erde sehr beliebt, da ihr intensiver Duft romantische Assoziationen weckt. Wie bei vielen Pflanzen weist die botanische Bezeichnung »*vulgaris*« darauf hin, dass die Art gewöhnlich und weit verbreitet ist.

Seite 87: GEMEINER FLIEDER (*Syringa vulgaris*)
Obwohl man beim Anblick von Fliederblüten nicht an Oliven denkt, haben beide etwas gemeinsam: Die Pflanzen gehören derselben Familie, den Ölbaumgewächsen, an. Auch der Liguster ist ein Mitglied der *Oleaceae*. Und wer einen blühenden Liguster genau betrachtet, wird eine Ähnlichkeit mit Flieder erkennen können, während die schwarzen ovalen Früchte an Oliven erinnern.

Seite 88: LEINKRAUT (*Linaria vulgaris*)
Die Verwandte des Löwenmäulchens ist zwar in Europa heimisch, wo sie auf Feldern und an Wegrändern wächst, gehört aber inzwischen auch zur Flora des nordamerikanischen Ostens.

Seite 89: WIESENBLUMEN (*Artemisia vulgaris, Tanacetum vulgare, Trifolium pratense* ...)
»Hier bin ich wieder mit Sichel, Spaten, Hacke, / um über Leben und Tod zu herrschen, um anmaßend zu rufen: / Diese Pflanze ist ›Unkraut‹, jene ist ›Blume‹. / Adams Vorrecht, erbliche Macht, / ich kann nicht darauf verzichten.«
Aus: »*Weeding*« von Michael Hamburger.

Seite 90: ZIMMERKALLA (*Zantedeschia rehmannii*)
Zantedeschia rehmannii und ihre weiß blühende Verwandte Z. *aethiopica* sind nicht winterharte Stauden, die aus dem Süden Afrikas stammen und meist für den Schnitt gezogen werden. Wie bei den Korbblütlern besteht auch ihr Blütenstand aus vielen kleinen Blüten, doch der herrliche Blütenkelch verbirgt und schützt die eigentlichen Blüten, die an einer Ähre im Inneren des Kelches sitzen.

Seite 91: FLAMINGOBLUME (Sorte von *Anthurium andraeanum*)
Deni Brown schreibt in ihrem Buch »*Aroids*«, dass die Flamingoblume »eine der aufregendsten gärtnerischen Entdeckungen des 19. Jahrhunderts« war. Sie wurde von europäischen Pflanzensammlern in Kolumbien gefunden und wurde bald eine botanische Sensation in der Alten Welt.

Seite 92: JAPANISCHER BLÜTENHARTRIEGEL (*Cornus kousa*)
Diese Hartriegel-Art blüht später als der aus Nordamerika stammende Blumenhartriegel C. *florida*, der auch Dogwood genannt wird. Er ist in Japan, Korea und China heimisch und gegen die Krankheiten resistent, die zur Dezimierung des amerikanischen Verwandten geführt haben.

Seite 93: SALOMONSSIEGEL (*Polygonatum odoratum*)
Wie das verwandte Maiglöckchen ist auch das Salomonssiegel eine Gartenstaude, die einen schattigen Platz bevorzugt. Die hübschen, festen Blätter und die anmutig gebogenen Stiele verleihen Pflanzenarrangements eine unvergleichliche Struktur.

Seite 94: HOLZAPFEL (Sorte von *Malus*)
Sowohl der Holzapfelbaum als auch der Apfelbaum gehören zur Gattung *Malus*. Sie haben ähnliche Wuchsformen, und die Blüten gleichen sich ebenfalls. Nur in der Größe der Früchte unterscheiden sie sich erheblich: Ein Holzapfel erreicht nicht mehr als etwa 2,5 Zentimeter Durchmesser. Auch habe ich noch nie einen Holzapfel probiert, der nicht sauer gewesen wäre.

Seite 95: JAPANISCHER BLÜTENHARTRIEGEL (*Cornus kousa*)
Die auffallenden weißen Blüten des Japanischen Blütenhartriegels ziehen wie die Blüten ähnlicher Hartriegel-Arten Insekten an. Sie bestehen aus modifizierten Blättern, sogenannten Deckblättern, die die eigentliche kleine Blüte umgeben. Wie beim Weihnachtsstern täuschen prächtig gefärbte Blätter eine Blüte vor.

EIN NAME FÜR JEDE PFLANZE

Pflanzennamen sind genauso ausdrucksstark wie die Sprache selbst. Sie sind voller Bezüge und Bedeutungen. Zum Beispiel ist »Nachtkerze« ein treffender Name für eine Pflanze, die ihre Blüten erst gegen Abend öffnet. Einige Bezeichnungen sind mit bestimmten Gefühlen verbunden, wie etwa die Rose als Blume der Liebe oder das Vergissmeinnicht, das die Erinnerung wach halten soll. Ungewöhnliche Namen wie der des Türkenturban-Kürbisses (»*turban squash*«) sind oft ein Konglomerat aus Wörtern, die sich auf fremde Kulturen und Länder beziehen. Kürbisse stammen aus Amerika und werden dort »*squash*« genannt, eine Bezeichnung, die sich aus einem Wort der einheimischen Sprache entwickelt hat. Bei der Namengebung des Türkenturban-Kürbisses wusste man also, wie die Kopfbedeckung von Muslimen aussieht und heißt, und konnte beide Ausdrücke anschaulich miteinander verbinden. Während diese Namen auf Früchte und Blüten zurückgehen, gibt es auch welche, die sich auf Blätter und Stiele beziehen, wie etwa das Wasserblatt, eine Wasserpflanze, deren Blätter auf der Oberfläche treiben. Andere Namen stammen von Wörtern aus fremden oder alten Sprachen ab. Beispielsweise ist der Name »Glockenblume« die Übersetzung der botanischen Bezeichnung »*Campanula*«, und »Hickorynuss« leitet sich von dem Wort »*pawcohiccora*« der amerikanischen Urbevölkerung ab. Pflanzen werden jedoch auch nach Personen benannt: Die Forsythie verdankt ihren Namen dem schottischen Botaniker William Forsyth.

Bei diesen Namen handelt es sich um volkstümliche Bezeichnungen, die allgemein üblich sind. Zudem sind sie nützlicher Teil unserer Sprache: Wir können durch sie schnell und ohne umständliche Beschreibungen Informationen weitergeben. Doch Namen können auch irreführen. Die fehlerhafte Interpretation von fremdländischen Ausdrücken sowie der Mangel an geografischen Kenntnissen zu der Zeit, als ein Name eingeführt wurde, tragen dazu bei, dass Pflanzen falsch beurteilt werden. Die Jerusalemartischocke ist zum Beispiel nah mit der Sonnenblume verwandt, und sie besitzt unterirdische Knollen, die nach Artischockenherzen schmecken. Doch sie ist nicht in Jerusalem, sondern in Nordamerika beheimatet. Namen können auch Verwirrung stiften. Konfusion entsteht häufig, wenn in verschiedenen Regionen oder Kulturbereichen unterschiedliche Namen für eine Pflanze benutzt werden. Manchmal besitzen auch mehrere Pflanzen denselben Namen. Auf diese Weise wird der Sinn und Zweck einer Namengebung, nämlich eine bessere Verständigung, ad absurdum geführt. So tragen beispielsweise sowohl *Echinacea* als auch *Rudbeckia* den volkstümlichen Namen »Sonnenhut«.

Um mehr Eindeutigkeit zu erreichen, wurde jeder Pflanze neben dem volkstümlichen Namen auch eine botanische Bezeichnung verliehen. Diese sind international verbindlich und kennzeichnen nur eine Pflanze. Da Latein die Sprache der Naturwissenschaften ist, sind die botanischen Bezeichnungen von einer standardisierten Form des klassischen Latein und Griechisch abgeleitet und entspringen somit dem so genannten botanischen Latein. Der Pflanzenname besteht aus einer binären Kombination, also aus zwei Wörtern: Der erste Teil der Bezeichnung gibt die Gattung an, die nah verwandte Pflanzen umfasst. Dabei kann es sich um nur eine oder um mehr als hundert verschiedene Pflanzen handeln. Man hat sie unter einem Gattungsnamen zusammengefasst, weil man annimmt, dass sie gemeinsame Ahnen haben. Doch um ihre Verschiedenartigkeit und Individualität zu kennzeichnen, hat man ihnen eine Ergänzung hinzugefügt – den zweiten Teil des Pflanzennamens. Durch ihn wird die Art benannt. *Lonicera alpigena* ist der botanische Name einer Pflanze, die volkstümlich Alpenheckenkirsche heißt. Der erste Namensbestandteil zeigt die Gattung an und klassifiziert die Pflanze als Heckenkirsche, der zweite sagt uns, um welche Art von Heckenkirsche es sich handelt.

Seite 101: GÄRTNER-CHRYSANTHEME (Dendranthema-Grandiflorum-Hybride)
Nach der angesehenen Gärtnerin und Autorin Elizabeth Lawrence
besitzt die Gärtner-Chrysantheme im Englischen auch den Namen »October pink«.

Seite 102: GÄRTNER-CHRYSANTHEME (Dendranthema-Grandiflorum-Hybride)
Der Name »Chrysantheme« kommt aus dem Griechischen und bedeutet »Goldblume« – eine
Reverenz an die vielen Arten mit leuchtend gelben Blüten oder Blütenmitten.

Seite 103: GÄRTNER-CHRYSANTHEME (Dendranthema-Grandiflorum-Hybride)
Chrysanthemen blühen normalerweise im Herbst, wenn die Tage kürzer werden. Gärtnereien überlisten die Natur jedoch, um Chrysanthemen anzubieten, die auch zu anderen Jahreszeiten blühen: Sie ziehen die Pflanzen im Gewächshaus und decken sie mit schwarzen Bahnen ab, um kurze Tage vorzutäuschen.

Seite 104: KORNBLUME (*Centaurea cyanus*)
»Nichts ist wie Frühling so schön – / Wenn Wildkraut, in Wirbeln, aufschießt, lang, lieblich und schwellend …« Aus: »*Spring*« (»*Frühling*«) von Gerard Manley Hopkins.

Seite 105: GEFÜLLTE IMMERGRÜNE ALPENROSE (Sorte von *Rhododendron*)
Der Name »*Rhododendron*« kommt aus dem Griechischen und bedeutet »Rosenbaum«. Früher hat man mit Rose ganz allgemein eine große Blüte oder eine Pflanze mit großen Blüten bezeichnet.

Seite 106: SOMMERGRÜNE ALPENROSE (Sorte von *Rhododendron*)
Früher bildeten sommergrüne Alpenrosen eine eigene Gattung: *Azalea*. Sie wurde jedoch aufgelöst und der Gattung *Rhododendron* zugeordnet, deren Arten immergrün sind. Abgesehen vom Laubfall weisen die Pflanzen tatsächlich kaum Unterschiede auf.

Seite 107: IMMERGRÜNE ALPENROSE (Sorte von *Rhododendron*)
Alpenrosen gehören zur Familie der Heidekrautgewächse, zu der auch die Besenheide, die Heidelbeere, die Preiselbeere, die Lorbeerrose und das Wintergrün zählen.

Seite 108: GARTENRINGELBLUME (Sorte von *Calendula officinalis*)
Viele botanische Arten-Namen weisen das Wort »*officinalis*« auf, das »Arznei« bedeutet. Es deutet auf die medizinische Verwendung der Pflanze hin.

Seite 109: DAHLIE (Sorte von *Dahlia*)
In dem sehr informativen und anschaulich geschriebenen Buch »*Hardy Perennials*« widmet Graham Rice der Dahlie ein Kapitel: »Vielleicht erscheint es den Lesern übertrieben, in diesem Buch über winterharte mehrjährige Pflanzen Dahlien in einem eigenen Kapitel zu behandeln, denn die Mehrzahl der Dahlien ist alles andere als winterhart. Zudem würden die meisten Anhänger von Stauden lieber das Gärtnern aufgeben, als Dahlien in den Rabatten ziehen.«

Seite 110: DAHLIE (Sorte von *Dahlia*)
Die Dahlienknollen werden nach den letzten Frösten an einem sonnigen Platz im Garten eingesetzt. Einige Wochen vorher sollte man den Boden lockern, indem man einen Mehrzweckdünger oder Mist sowie organisches Material einarbeitet. Dahlien bevorzugen alkalische Erde und benötigen deshalb vielleicht zusätzlich etwas Kalk. Nachdem der Boden vorbereitet ist, gräbt man ein etwa 13 Zentimeter tiefes Loch und steckt an den Rand einen 1,20 bis 1,50 Meter langen Stock. Jede Knolle sollte waagerecht in einem Loch liegen. Die Wurzelknospe muss nach oben und in die Nähe des Stockes zeigen, der als Stütze für den kräftigen Haupttrieb dient.

Seite 111: CACTUS-DAHLIE (Sorte von *Dahlia*)
Dahlien lieben zwar nährstoffreiche Erde, sollten aber nach der Pflanzung keine Stickstoffgaben mehr bekommen, da sonst die Knospenbildung beeinträchtigt wird. Stickstofffreier Dünger kann jedoch weiterhin verabreicht werden.

Seite 112: SOMMERPHLOX (Sorte von *Phlox paniculata*)
Der Name »Phlox« ist von dem griechischen Wort »*phlego*«, »brennen«, abgeleitet. Man nimmt an, dass sich die Bezeichnung auf die leuchtenden Blütenfarben mancher Phlox-Arten bezieht.

Seite 113: SOMMERPHLOX (Sorte von *Phlox paniculata*)
Henry Mitchell gibt in »*The Essential Earthman*« eine Anleitung für das Ziehen von Phlox: »... nichts ist im Spätsommer schöner [als Phlox] – vorausgesetzt er hat volle Sonne, reichlich Wasser und ist tief genug eingepflanzt. Normalerweise gedeiht Phlox an halbschattigen Plätzen nicht gut, doch dort, wo Tomaten wachsen, fühlt sich auch Phlox wohl.«

Seite 114: GARTENHORTENSIE (Sorte von *Hydrangea macrophylla*)
Der Name »*Hydrangea*« wurde von Carl von Linné eingeführt.
Die volkstümliche Bezeichnung »Hortensie« geht auf die Geliebte des französischen Naturwissenschaftlers Philibert Commerson zurück, der die Pflanze entdeckte.

Seite 115: GARTENHORTENSIE (Sorte von *Hydrangea macrophylla*)
Die halbkugelförmigen Doldenrispen der Mophead-Hortensien bestehen aus auffallenden, großen sterilen Blüten, während die Lace-cap-Hortensien viele unscheinbare, kleine fertile Blüten besitzen, die von großen sterilen umgeben sind. Hortensien wachsen zwar in fast jedem Boden, gedeihen aber besonders schön in gut durchlässiger und humusreicher Erde.

Seite 116: CHINESISCHE PÄONIE (Sorte von *Paeonia lactiflora*)
Alice Harding, eine Liebhaberin von Päonien, schrieb 1917: »Den Wurzelstock einer schönen Päonie zu trennen ist ein wahres Vergnügen: Die Wurzeln selbst sind wundervoll – kräftig, fest und fleischig ... große, feste Augen, in denen die zukünftige Pracht des Gartens liegt. Jede Pflanze wird mit einem Schild versehen: Liest man erwartungsvoll die Namen, entsteht eine Vision von jeder perfekten Blume.«

Seite 117: CHINESISCHE PÄONIE (Sorte von *Paeonia lactiflora*)
William Stearn schreibt in »*Stearn's Dictionary of Plant Names for the Gardener*« über die Lehrmethode des wegbereitenden Botanikers Carl von Linné: »Er machte genaue Studien über die von ihm so genannte ›Blütenhochzeit‹ ... Die Kronblätter der Pflanze betrachtete er als ›Hochzeitsbett, das mit so edlen Vorhängen und mit derart vielen verführerischen Düften ausgestattet ist, dass der Bräutigam mit seiner Braut die Ehe feierlich und würdig vollziehen kann‹.«

Seite 118: CHINESISCHE PÄONIE (Sorte von *Paeonia lactiflora*)
Man nimmt an, dass die Päonie nach dem mythischen griechischen Arzt Paeon benannt wurde, der als erster die Pflanze für medizinische Zwecke eingesetzt haben soll.

Seite 119: MOHN (Sorte von *Papaver*)
In »*Flowers and Fruit*« beschreibt Colette die ätherisch anmutende Blüte des Mohns, die große Samenkapseln birgt: »So luftig ... doch nicht leer. Am Grunde ihrer herrlichen Krone klaffen eine Reihe kleiner Öffnungen ... und wenn die Reife eintritt ... wird der Boden übersät mit einem feinen schwarzen Gewürz.«

Seite 120: MODERNE ROSE (Sorte von *Rosa*)
»Solange sich ein Mensch in der Blüte seiner Jugend befindet, glaubt er, eine Blüte sei das, was man im Knopfloch trägt oder einem Mädchen schenkt; er hat nicht das richtige Verständnis dafür, daß eine Blüte etwas ist, das überwintert, das man hackt und düngt, umsetzt und für Stecklinge verwendet, beschneidet, anbindet und von Unkraut, Samenstand, trockenen Blättern, Blattläusen und Mehltau befreit.« Aus: »*The Gardener's Year*« (»*Das Jahr des Gärtners*«) von Karel Čapek.

Seite 121: FREESIE (Sorte von *Freesia*)
Freesien werden vor allem wegen ihrer duftenden Blüten gezogen. Die Schwertliliengewächse besitzen Knollen und sind als Schnittblumen oder Topfpflanzen bekannt. Ihre Heimat ist Südafrika.

Seite 122: BEGONIE (Begonia-Semperflorens-Hybride)
Begonien sind leicht zu ziehen und preiswert. Im Freien gedeihen sie sowohl an einem schattigen als auch sonnigen Platz, im Zimmer benötigen sie einen hellen Standort. Viele Freizeitgärtner bringen die Pflanzen im Winter ins Haus oder brechen Triebe ab, damit sie in Wasser bewurzeln.

Seite 123: GARTENLÖWENMAUL (Sorte von *Antirrhinum majus*)
Der Name dieser lustig anmutenden Pflanze geht auf ihre Blüten zurück: Bei leichtem Zusammendrücken öffnen sie sich und erinnern an Mäulchen.

Seite 124: CHINESISCHER ROSENEIBISCH (Sorte von *Hibiscus rosa-sinensis*)
Der römische Dichter Vergil benutzte den Namen »*Hibiscus*« zum ersten Mal für ein Malvengewächs. Die Wurzeln des Echten Eibischs (*Althaea officinalis*), der im Englischen »*marshmallow*« heißt, geben eine zähflüssige Substanz ab, aus der eine Süßigkeit hergestellt wird – die Marshmallows.

Seite 125: CHINESISCHER ROSENEIBISCH (Sorte von *Hibiscus rosa-sinensis*)
»... wie sonst könnte ich eine Blume erfassen, wenn nicht über die Farbe« – Georgia O'Keeffe.

Seite 126: CHINESISCHER ROSENEIBISCH (Sorte von *Hibiscus rosa-sinensis*)
»Im fahlen, sinkenden Licht / des matten Mondes, / fällt die erste Hibiscus-Blüte.«
»*Twilight*« (»*Dämmerung*«) von Chén Yun.

Seite 127: CHINESISCHER ROSENEIBISCH (Sorte von *Hibiscus rosa-sinensis*)
Der Chinesische Roseneibisch hat zwar seine Heimat in den tropischen Regionen Asiens, doch er ist weltweit verbreitet. Wo das Klima mild ist, wird er als Freilandpflanze gezogen, in kälteren Gebieten als Einjährige oder in Töpfen und im Gewächshaus.

Seite 128: KÜRBISBLÜTE (Sorte von *Cucurbita*)
Fast alle Kürbis-Arten sind Nutzpflanzen und in den tropischen Gebieten Amerikas heimisch. Nur die Zierkürbisse schmecken bitter und werden deshalb gern für Dekorationen verwendet.

Seite 129: PAPAGEI-TULPE *Tulipa* 'Flaming Parrot'
»Doch komm, Tulpe, erfreue mich, komm hier an meine Seite. Komm so bunt wie ein Osterei, rot mit gelben und orangen Streifen.« Aus: »*Flowers and Fruit*« von Colette.

Seite 130: TULPE (Sorte von *Tulipa*)
Der Name dieser Pflanze soll auf eine Kopfbedeckung zurückgehen – den Turban. Manche finden, dass bestimmte Tulpenblüten an einen Turban erinnern, andere glauben wiederum, dass die papierartige Hülle der Zwiebeln Assoziationen an Turbane weckt.

Seite 131: RÜCKSEITE DER BLÜTE EINER GARTENMÖHRE (*Daucus carota*)
»Es ist ein Feld mit wilden Möhren ... das Gras überragt sie nicht ... so weiß wie Schnee, mit einem violetten Mal in der Mitte jeder Blüte.« Aus: »*Queen Anne's Lace*« von William Carlos Williams.

Seite 132: KRONENANEMONE (Sorte von *Anemone coronaria*)
Es wird angenommen, dass der Name »Anemone« von den griechischen Wörtern »*anemos*« und »*mone*« abgeleitet ist, was so viel wie »windiger Platz« bedeutet. Tatsächlich gehört die Pflanze zu den Windblütlern.

Seite 133: KRONENANEMONE (Sorte von *Anemone coronaria*)
Die zarten Blütenblätter mancher Anemonen tanzen im Wind – sie wirken animiert und voller Leben. Vielleicht besteht ein Zusammenhang zwischen dem Namen »Anemone« und dem Wort »animieren«, denn sie haben den gleichen griechischen Wortstamm.

Seite 134: LILIE (Sorte von *Lilium*)
F. A. Waugh schreibt in Liberty Hyde Baileys *»Cyclopedia of American Horticulture«* über Lilien:
»Sie zählen zu den schönen, altmodisch und nostalgisch anmutenden Pflanzen,
die jetzt wieder sehr in Mode kommen.«

Seite 135: LILIE (Sorte von *Lilium*)
Lilien unterscheiden sich in vielerlei Hinsicht von Taglilien. Der wichtigste Unterschied ist, dass Lilien Zwiebelpflanzen sind, während Taglilien Wurzeln besitzen.
Die meisten Lilien-Arten benötigen humusreiche Erde, die zwar gut durchlässig ist, aber genügend Feuchtigkeit hält, damit die Zwiebeln nicht vertrocknen. Die Pflanzen gedeihen an einem sonnigen oder leicht schattigen Platz; im Halbschatten halten die Blüten länger.

Seite 136: MILCHSTERN (*Ornithogalum dubium*)
Die Gattung *Ornithogalum* umfasst etwa 80 Arten, die in Südafrika, Europa und Asien heimisch sind. Der Name stammt aus dem Griechischen und bedeutet »Vogelmilch« – er spielt auf das milchige Weiß der Blüten an. In manchen Regionen wird der Milchstern auch Vogelmilch genannt.

Seite 137: KNOLLENBEGONIE (Sorte von Begonia-Knollenbegonien-Hybriden)
Wie der Name andeutet, besitzen diese Begonien Knollen. Bereits im Frühling sind blühende Pflanzen erhältlich. Man kann sie aber auch im Zimmer aus ruhenden Knollen ziehen. Hierfür setzt man sie zwei Monate vor den letzten Frösten in lockeres Substrat. Im Zimmer benötigen die Knollen möglichst viel direktes Sonnenlicht, im Freien einen schattigen Platz.

Seite 138: RIEGER-BEGONIE (Sorte von Begonia-Elatior-Hybriden)
Diese Begonie wurde in den fünfziger Jahren in Deutschland vorgestellt. Sie zeigt im Winter eine üppige Blüte und ist in vielen Farbnuancen von Rot über Rosarot und Orange bis Gelb erhältlich. Im Winter wird sie gern als Zimmerpflanze verkauft.

Seite 139: WEIHNACHTSKAKTUS (Schlumbergera-Hybride)
Dieses ungewöhnliche Mitglied der Kakteen-Familie ist eine Stammsukkulente und besitzt keine Blätter – die Pflanze assimiliert in den grünen blattähnlichen Sprossen.

Seite 140: FUCHSIE (Sorte von *Fuchsia*)
Mrs. Masters Fuchsien – sie hängen höher und weiter, biegen sich leuchtender,
glockengleich in all ihrer Fülle über den schmalen Gartenpfad,
überschütten die Passanten des Morgens mit ihrer Blütenflut.
Sie duldete den wuchernden Wuchs, und auf dem Weg zum Tor
hoben wir zart die Kelche, wie sie es uns hieß. Doch für ihren Leichenzug
stutzte man all die Blütenpracht in der Früh.
»The Lodging-House Fuchsia« (*»Die Fuchsien der Pension«*) von Thomas Hardy.

Seite 141: ZONALPELARGONIE (Sorte von Pelargonium-Zonale-Hybriden)
Harold Feinsteins Fotografien erinnern an Georgia O'Keeffes Blumengemälde. Beide zwingen den Betrachter, Details zu sehen und sich dadurch eingehender mit den Blüten zu befassen. Georgia O'Keeffe schreibt: »Nimmt man eine Blume in die Hand und betrachtet sie genau, so erlebt man für einen kurzen Moment eine eigene kleine Welt. Dieses Gefühl will ich an andere weitergeben.«

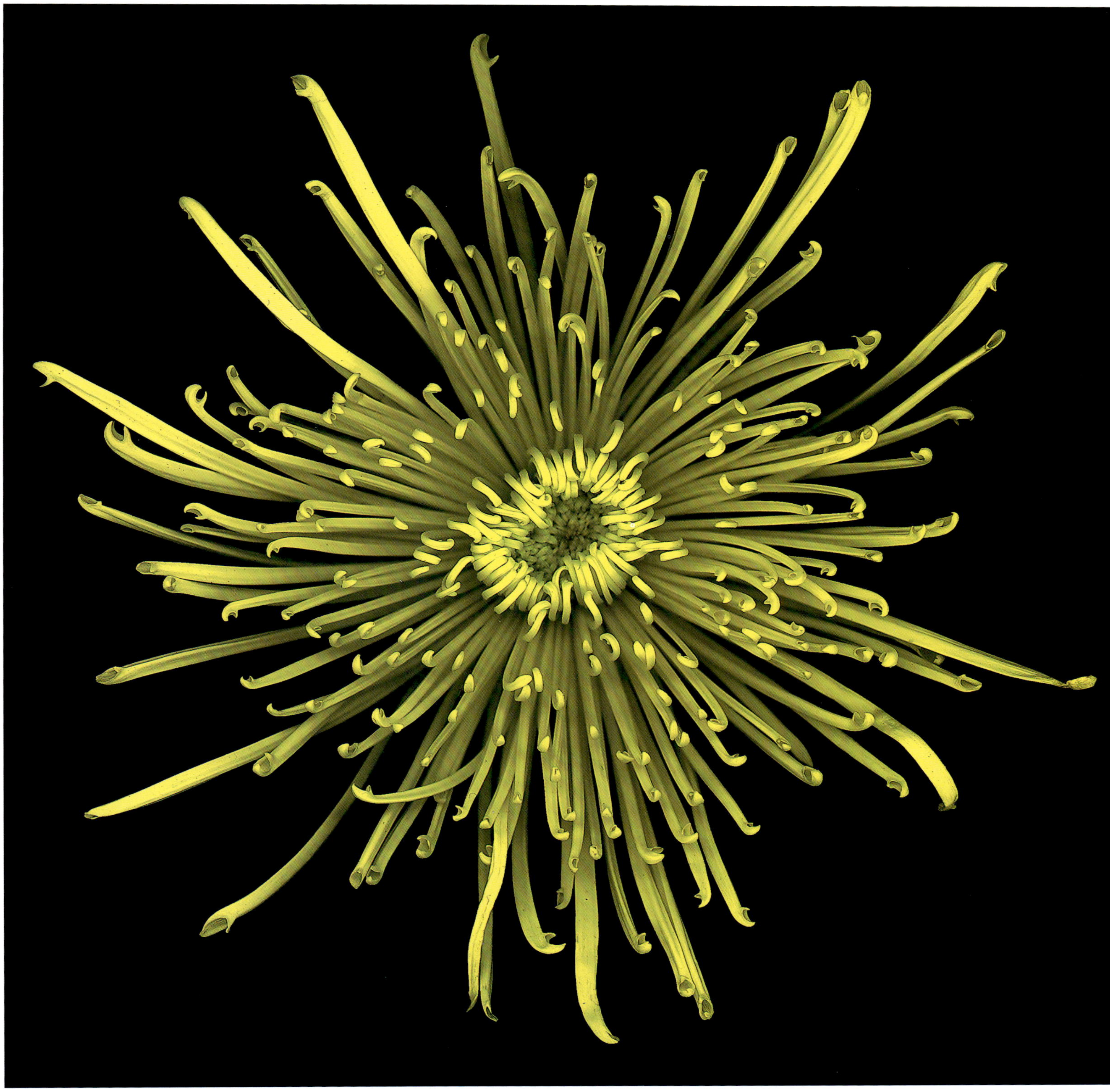

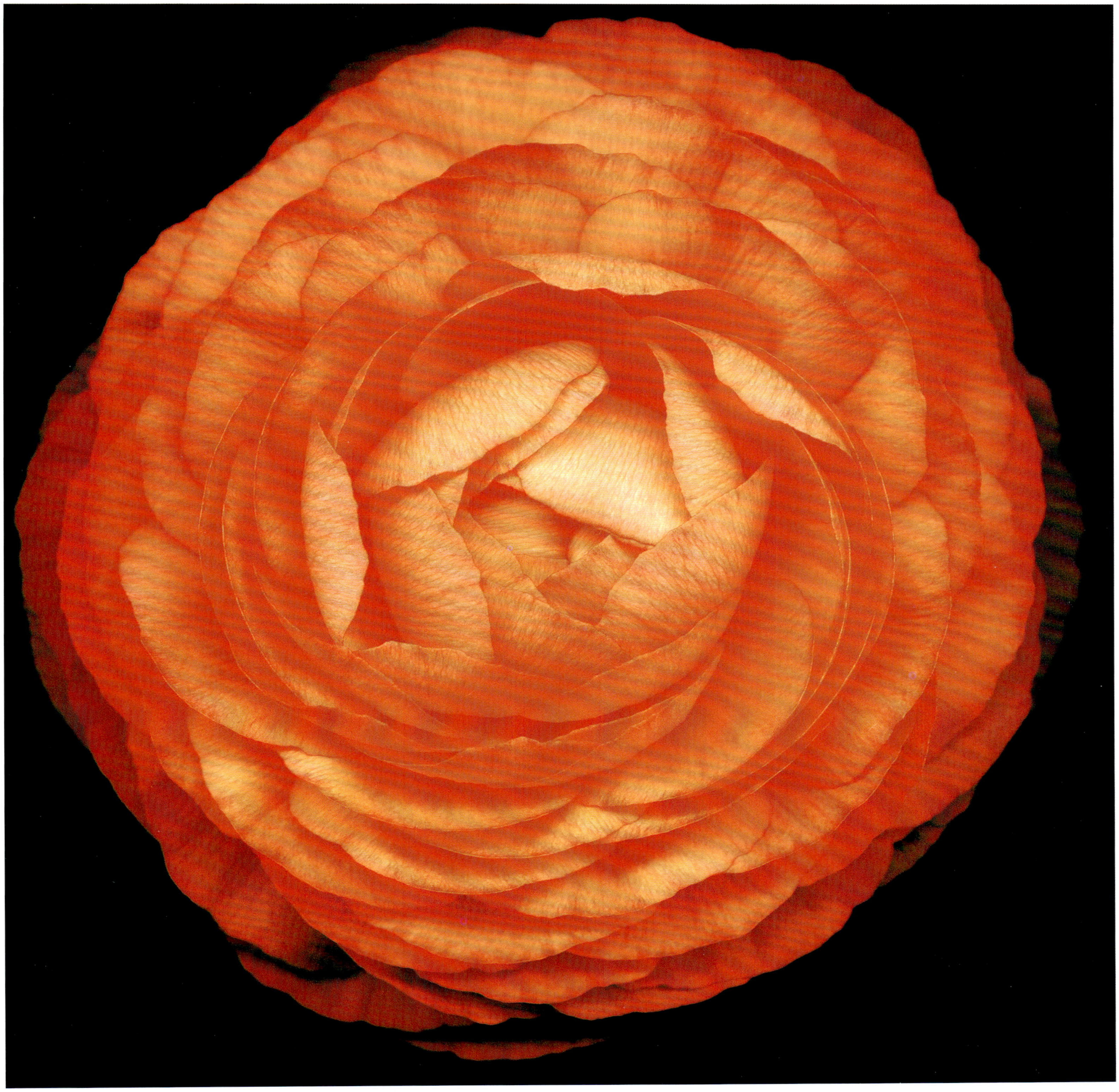

DANKSAGUNG

»Flowers – Von der Schönheit der Blüten« ist meiner Frau und Seelenfreundin Judith gewidmet, die unsere Kinder, Kinder des Krieges, aufgezogen und geprägt hat: meine Tochter Robin und meinen Sohn Gjon. Robin geht ihrer Aufgabe nach, sich mit der Klugheit und der Liebe von Hunden zu beschäftigen, während Gjon sein Können im Schachspiel im Spiel des Lebens anwendet. Das Buch drückt aber auch meine Dankbarkeit gegenüber meinem Bruder Murray und meiner Schwester Ethel aus, die mir so oft hilfreich zur Seite standen. Darüber hinaus soll es an meinen Bruder Alvin und meine Schwester Belle erinnern.

Meine Dankbarkeit möchte ich auch all denjenigen aussprechen, ohne die dieses Buch nicht zustande gekommen wäre. Unschätzbar waren die Hilfe und die Unterstützung der Kuratorin Leslie Nolan. Besonders dankbar bin ich ihr dafür, dass sie meine Fotografien Constance Sullivan anvertraut hat, die die Herstellung und Bearbeitung dieses Buches vorgenommen hat. Mit ihr zu arbeiten war eine besondere Ehre, denn ihr hoher Anspruch und ihre große Erfahrung bei der Realisierung von Büchern wirkten ausgesprochen anregend. Katy Homans hat dem Band eine überzeugende Gestaltung verliehen. Mein Dank gilt auch der Verlegerin Carol Judy Leslie sowie der Lektorin Karen L. Dane von Bulfinch Press, die dieses Projekt engagiert unterstützt haben.

Folgende Personen haben ebenfalls durch ihre Mitarbeit und Hilfe zum Gelingen dieses Buches beigetragen: Mariette Allen, Dave Barnett, Beth Black, David Caras, Tim Daley, Emanuel Susan Falk, Linda Ferrer, Carol Gallagher, Stephanie Hobbs, Susan Osborne, Pat Rodegast, Marie Schuman, Bill und Carol Smith, Anne Stovell, Lou Strano, Doris Straus, Brook Tinney und Ruth Thompson.

Zum Schluss möchte ich Mark Radogna und Fabia Barsic von Epson America meinen besonderen Dank aussprechen – erst ihre Drucker und Scanner machten dieses Projekt realisierbar.

H. F.

REGISTER